JN005670

目次

CHRISTMAS TRADITIONS: A Celebration of Festive Lore
by George Goodwin

First published 2019 by
The British Library, 96 Euston Road, London NW1 2DB
Text copyright © George Goodwin 2019
Images copyright © The British Library Board
and other named copyright holders 2019
Japanese translation rights arranged with
EDWARDS FUGLEWICZ LITERARY AGENCY
through Japan UNI Agency, Inc.

C for the Crack
That Kate ...
... with F...

D for our Doggie
With cap on his head.

はじめに

　人間は、大昔から真冬にお祭りを催していました。1年で日が一番短くなる12月22日ごろの冬至を中心にして、過ぎ去ってしまった1年に思いをはせ、新しい1年を迎え入れる、そんなお祭りが必要だったのです。2000年近くにわたって、ヨーロッパではそのお祭りの中心に〈イエス・キリストの降誕〉が置かれてきました。長い歳月のあいだにお祭り自体もその儀式も、聖なるものと俗なるものが混ざりあったものになっていきました。

　そんなお祭りも、場所によっては禁じられたこともありました。しかしその禁止令も、しばらくすると消えてなくなりました。1年で一番長く闇に包まれる時期に光と彩りをもたらそうという人々の願いは、時を経ても消えることはなかったからです。

> 昔のクリスマスが再びその楽しさを運んで来た時こそ、
> イングランドはまさに楽しいイングランドになる。
> 大きな酒樽が開けられるのはクリスマス、
> 一番愉快な話が語られるのもクリスマスだ。*1
> 　　　——サー・ウォルター・スコット『マーミオン』(1808年)

(左)『アルファベットの語呂合わせ絵本(*An illustrated rhyming alphabet*)』(1894年)より
〈Cはファーザー・クリスマスからのプレゼントのCrackerのC〉

1

クリスマスの
起源

古代ローマのサトゥルナリア祭

　サトゥルヌスは古代ローマの農業と時間の神です。農業は実りをもたらすことから、サトゥルヌスは富を与えてくれる存在でもありました。さらには束縛からの解放の象徴にもされ、まさしく万能の神でした。紀元前1世紀ごろ、サトゥルヌスのお祭りでは、その妻で妹でもある豊穣と大地の女神オプス、そして1年で日が一番短くなる日（冬至）が一緒に祝われるようになり、12月17日から23日にかけて7日間の〈サトゥルナリア祭〉が催されるようになりました。

　ユリウス・カエサルが紀元前45年に定めたユリウス暦では、冬至は12月25日に定められました。その後、祭りの期間は1月1日の新年の祝日まで延長されました。

　サトゥルナリア祭の期間中、古代ローマの人々は家や仕事場や街角で呑めや歌えやのどんちゃん騒ぎをくりひろげました。祭りでは贈りものの交換がおこなわれ、人々は普段着ではなく派手な服を着ました。奴隷たちもつかの間の自由を与えられ、主人と服を交換したりしました。家のなかではロウソクが灯され、木の枝と常緑樹で飾られました。祭りのための特別なケーキが焼かれ、そのなかに入っていた豆を見つけた子どもは〈祭りの王〉になりました。〈豆の女王〉も選ばれ、〈祭りの王〉と一緒に、主人が奴隷に給仕を

〔p8・9〕ロベルト・ボンピアーニ『ローマの祝宴』（19世紀末）
〔左〕ジョヴァンニ・ディ・パオロ作とされる細密画に描かれたサトゥルヌス（1450年ごろ）

する"あべこべの日"を取り仕切りました。この風習は今も残っていて、イギリス軍ではクリスマスに、アメリカ軍ではクリスマスとサンクスギビングデー（11月の第4木曜日）に、上官が部下の給仕をする習わしがあります。

　紀元2世紀の風刺作家ルキアノスが、自分がサトゥルナリア祭を取り仕切ったときの様子をこのように記しています。「祭りのあいだはまじめなことは禁じられ、仕事は一切してはならない。そこかしこで騒々しい酒宴が開かれ、みな酔っ払い、サイコロ賭博に興じ、奴隷のなかから〈祭りの王〉が選ばれ、裸になって歌い、控えめな手拍子が鳴らされ、冷たい水に頭を突っ込んで酔いをさまそうとするものもいる——そんな祭りを、わたしは取り仕切っている」

　サトゥルヌスの姿は鎌や大鎌を手にした老人という、まるで死神みたいに不気味に描かれることが多いです。それでも、曜日のなかで一番人気の土曜日（サタデー）の語源になっています。

〔右〕1749年にヨーク市のミックルゲートで発掘された、いけにえの雄牛を捧げられるミトラ神のレリーフをスケッチしたもの

冬至と不滅の太陽の誕生

　古代ローマの人々はローマ帝国以外の国々の宗教に対して寛容で、むしろ積極的に取り入れていました。そもそもローマ人たちが祭っていたユピテルやユノ、そしてサトゥルヌスにしても、もともとは古代ギリシアの神々でした。ローマ帝国の領土が拡大すると、イタリア以外の属州出身の皇帝が

出てくるようになりました。そして外国の神々も大勢入ってきました。14歳で戴冠したシリア出身のヘリオガバルス帝は、オリエントの太陽神エル・ガバルをローマの主神にしましたが、西暦222年に皇帝がわずか18歳で処刑されると、エル・ガバルも一緒に捨て去られました。

　しかしアウレリアヌス帝はもっとうまくやりました。アウレリアヌス帝はエル・ガバルを復活させ、名前を"不敗の太陽"を意味するソル・インウィクトゥスに変えて信仰を広め、西暦274年にローマの神々の一柱にしたのです。西暦354年には、ソル・インウィクトゥスの祭りはローマの冬至と同じ12月25日に定められました。12月25日は、ローマ軍の上層部や役人、そして商人たちがひそかに信仰していたミトラ教にとっても重要な日でした。

　このように、皇帝コンスタンティヌス1世がキリスト教を公認した西暦313年のずっと前から、12月25日はローマの暦のなかで重要な日として定着していたのです。

イエス・キリストの降誕日と
"キリストのミサ"

　キリスト教が生まれたばかりの時代はイエス・キリストの降誕日がいつなのかわからず（聖書にも記されていません）、さまざまな日が降誕日とされていました。降誕日を12月25日にしたのは、西暦336年のローマの行事を記した〈フィロカルスの暦〉が最初です。

　12月25日がイエスの降誕日とされたのは、ローマ皇帝コンスタンティヌス1世がキリスト教を公認し、そして当時のキリスト教の指導者たちが教会の運営方針として、ローマで人気の高かった宗教の祝日に自分たちの聖日を合わせることにしたからだと、長いあいだ考えられてきました。しかしこの日が選ばれたのには、もっと大きな理由がありました。降誕日より先に決められた3月25日の聖母マリアの受胎告知の日から、ちょうど9カ月後だからです。さらに言うと、初期のキリスト教徒たちは異教の行事とかかわりを持つどころか、むしろ逆に意識して距離を取るようにしていました。

　それからわずか2世紀ほどのあいだに、ヨーロッパの大部分で12月25日がキリスト教徒にとってかなり重要な日だと考えられるようになりました。この新たな方針は、西暦597年に教皇グレゴリウス1世の命を受けてブリタニアに派遣された聖アウグスティヌスが、キリスト教に改宗されたこの島でおこなわれていた真冬の祝祭の中心に、"世界の光"であるイエスの降誕を祝う日を据えたことではっきりと示されました。

　ちなみにイングランドでは、1155年から1752年までは新年は1月1日ではなく3月25日の受胎告知の日から始まっていました。もちろん、民衆のあ

いだでの受胎告知の日の重要性はクリスマスに取って代わられました。

クリスマスという言葉は、古い英語の〈Crīstes mæsse〉を語源にしていて、その意味はずばり"キリスト(Christ)のミサ(Mass)"です。〈Christ〉は"塗油により聖別された救世主"という意味で、〈Mass〉の意味はもちろん"礼拝"ですが、もともとは教会で使われていたラテン語の〈missa〉で、その意味は"解散"です。4世紀に正教会で始まった降誕祭徹夜禱と呼ばれるクリスマスイヴの真夜中のミサは、やがて西方教会にも伝わり、教皇シクストゥス3世(在位432年〜440年)が初めておこないました。それからも教皇のみがとりおこなう儀式でしたが、12世紀なかば以降は司祭もおこなうようになりました。以来、数えきれないほど多くのキリスト教徒にとって、真夜中のミサは救い主イエスが降誕した喜びを最初に祝う儀式となり、クリスマスの本当の始まりを告げるものになりました。

Xマス(Xmas)という略語は、クリスマス(Christmas)を単純に略した言葉ではありません。ギリシア語でキリストは〈Χριστός〉と書くのですが、その頭文字の〈Χ(キー)〉がアルファベットのXに似ていることから〈Xmas〉と略されるようになったのです。『アングロ・サクソン年代記』の1021年の記述には〈XPmas〉の略語があり、〈Christmas〉という言葉が初めて使われたのは1038年のことです。イングランドでは、11世紀後半にノルマン人の影響が拡大していくのと同時に、ほとんどの地域で真冬の祝祭を示す言葉が、それまでの〈ユール〉からクリスマスに取って代わるようになりました。

〔右〕ジョヴァンニ・ピエトロ・ビラーゴ『スフォルツァ家の時禱書』(1490年〜1521年)
〔P18〕トーマス・ハーヴェイの『クリスマスの本(The Book of Christmas)』(1836年)のなかの〈クリスマスをわが家に(Bringing Home Christmas)〉の挿絵(R・シーモア画)

光と緑のユール

〈ユール（Yule）〉とは冬至に新年の始まりを告げるアングロサクソンの異教の祭りで、古ノルド語の〈ヨール（jöl）〉にあたります。ユールでは古い年の死が演出され、新たな年が豊かな恵みをもたらしてくれることを祈る儀式がおこなわれます。儀式のひとつが、古ノルド語で“健やかで幸せに”を意味する〈ves heill〉を語源にする〈ワッセイリング（wassailing）〉です。これは地元で醸造された酒を果樹にかけ、それからみんなで飲んで祝う儀式です。

　古代ローマのサトゥルナリア祭と同じように、ユールも農作物が収穫され、豚肉は塩漬けにしたばかりで、酒もまだ造りたての真冬にとりおこなわれた祝祭と祝宴です。この祭りでは家のなかに常緑樹が飾られ、そこにロウソクが灯されます。このロウソクの光は、冬の長い夜がもたらす闇の力を追い払うために重要でした。月桂樹（ローリエ）やローズマリーといったハーブと“ユールの薪”も飾られました。

　お祭りのあいだじゅうずっと薪を燃やす“ユールの薪”の習慣も、時を経るにつれてすたれていきました。しかし19世紀から作られるようになった、チョコレートを塗って粉砂糖やホイップクリームで雪を模したロールケーキ〈ブッシュ・ド・ノエル（クリスマスの薪）〉にその名前を残しています。

　異教ではヒイラギの飾りは男性を、ツタの飾りは女性を象徴していましたが、北欧がキリスト教化されると、ヒイラギの赤い実はイエス・キリストの血を、ギザギザの葉はイバラの冠をあらわすとされるようになりました。

無礼講の王とワッセイリング、
そしてファーザー・クリスマスの誕生

　古代ローマのサトゥルナリア祭もそうでしたが、中世ヨーロッパのクリスマスでは世界が"あべこべ"になり、社会の下層にいる人々が日ごろの不平不満をぶちまけることを許されました。クリスマスのときにだけ〈無礼講の王〉を置くことで、その年の社会秩序が保たれると考えられていました。同じ理由で、多くの教会では聖歌隊の少年たちのひとりを〈少年司祭〉に任命して、12月6日の聖ニコラウスの日から28日の無辜聖嬰児の日（ヘロデ王の命令によりベツレヘムの男児が虐殺された日）までのあいだ司祭の仕事をまかせました。

　あたりまえの話ですが、ほんものの大人の司祭たちのなかには、このクリスマスシーズンだけの"はめはずし"が社会不安を生むと考える人々もいて、少年司祭はときどき禁止されました。そして最後には、宗教改革で英国国教会の最高指導者になったイングランド国王ヘンリー8世が少年司祭を自分の権威に対する侮辱とみなし、この慣習は終わりを迎えました。最近になって〈聖歌隊員の司祭（現在は少女でも聖歌隊員になることができます）〉を復活させる教会や大聖堂が、とくにイギリスとアメリカとスペインで増えていますが、昔のような権限は与えられていません。

　大きな杯やボウルで酒をまわし飲みするワッセイリングは、おそくとも

〔右〕マイルズ・バーケット・フォスターが描いた『クリスマス歌集（*Christmas with the Poets*）』の挿絵（1855年）

THE WASSAIL.

14世紀の初めにはイングランドの上流階級のクリスマスの習慣になっていました。16世紀になるとさまざまな階級に広がり、家々をめぐって酒をふるまい、歌を歌って"おひねり"を受け取るワッセイラーたちも登場しました。同じように、〈マミング・プレー〉と呼ばれる仮面をつけた無言劇もクリスマスシーズンに家々の玄関先で演じられ、おひねりを得ていました。しかし物騒な内容の歌や芝居へのおひねりを拒まれると、酒を飲んでいることもあって、その家の人間に暴力を振るうこともありました。

　中世の王たちは〈豆の王〉や〈無礼講の王〉を好んで雇いました。この習慣はルネサンス期になっても続き、スコットランド王ジェームズ4世とイングランド王ヘンリー7世は〈でたらめの修道院長〉を抱えました。この教会のパロディを禁止したヘンリー8世も〈無礼講の王〉には熱心で、晩年になってもさかんに任命していました。

　イングランド王家での〈無礼講の王〉の習慣はエドワード6世（在位1547年〜1553年）の時代に終わりましたが、一部の貴族や町の組織では独自に任命し続けていました。スコットランドでは、1564年にメアリー女王のもとで最後の、そして珍しい〈豆の女王〉が"戴冠"しました。

　メアリー女王の息子で跡継ぎのジェームズ6世はスコットランドではおとなしくしていましたが、1603年にイングランド王になると、清教徒たちの反感をものともせず、宮廷祝典局長に命じてクリスマスに豪華な仮面劇を催しました。イングランドでは、クリスマスの祝日の最終日である公現祭（1月6日）の前夜は十二夜と呼ばれ、仮装パーティーが催されていました。しかし12日間の毎夜の芝居と十二夜の仮面劇でも飽き足らなかったジェームズ1世は、クリスマスの夜にも仮面劇を演じるように命じました。劇作家ベン・ジョンソンの脚本と建築家イニゴー・ジョーンズの舞台美術によるジェームズ1世のクリスマス仮面劇は、音楽、ダンス、演劇、詩、そして

豪華な仮面と衣装が、壮大な舞台の上で合体したものでした。

　1616年にジョンソンが書いた『クリスマス、彼の仮面劇（*Christmas, His Masque*）』で、〈クリスマスの長（おさ）〉もしくは〈ロンドンのクリスマス〉というキャラクターが登場しました。クリスマスの擬人化はすでに15世紀の祝歌（キャロル）『サー・クリスマス（*Sir Christèmas*）』に見られますが、ジョンソンの場合は10人の子どもをひきつれてクリスマスを祝う、太っちょでおどけた愉快な人物でした。10人の子どもたちの名前は〈無礼講〉〈キャロル〉〈ミンスパイ〉〈おふざけ（ギャンボル）〉〈賭け事（ポスト＆ペア）〉〈新年のプレゼント〉〈仮面劇〉〈ワッセイル〉〈おひねり〉〈ベイビー・ケーキ〉で、どれも当時の人々から親しまれ、そしてピューリタンたちが非難していたクリスマスのお祝いの要素になっていました。

　擬人化されたクリスマスのほうは、時を経るにつれて〈ファーザー・クリスマス〉と呼ばれるようになり、登場回数もぐんと増えました。1638年の宮廷仮面劇では、ファーザー・クリスマスは"毛皮のガウンを着て帽子をかぶった年老いた牧師"の姿で登場しました。ところがその直後、ファーザー・クリスマスは身を隠すことになりました。ピューリタン革命が勃発して、イングランドの政治がひっくり返ってしまったのです。1640年代から50年代にかけてはピューリタンたちによる"神の支配"が続き、ファーザー・クリスマスとその"子どもたち"は法律で禁じられたのでした。

Sint Nikolaas laat door uw schoorsteen glijden,
Heel korven lekkers, om u te verblijden.
't Is zeker dat, bij 't zien dier schoone dingen,
Ge hem danken zult, en ook van vreugd zult springen

Par les tuyaux de votre cheminée,

聖ニコラウスとシンタクラース

　サンタクロースという名前は、オランダ語で聖ニコラウス(ニコラス)を意味するシンタクラース(Sinterklaas)が英語風になまったものです。聖ニコラウスは4世紀の小アジア(現在のトルコ)のミュラに実在した司教で、11世紀に大人気の聖人となり、そのあげくに中世でよく見られた"聖遺物泥棒"の被害にあいました。聖ニコラウスの遺骸は1087年に南イタリアのバーリに移され、現在もそこに安置されています。

　バーリは巡礼地となっておおいに栄え、聖ニコラウスの"ご利益"もどんどん大きくなっていきました。ギリシアやロシアなどの多くの国々で守護聖人とされ、アムステルダムやニューヨークなどの都市にも聖ニコラウス教会ができました。中世になるとご利益はさらに大きくなり、商人や子どもたちの守護聖人にもされましたが、これは現代を生きるわたしたちからすれば、すばらしいアイディアです。船乗りの守護聖人にもなり、嵐がくると飛んできて海を穏やかにするとされています。中世ヨーロッパでは、12月6日の聖ニコラウスの祝日とその前夜に、よい子どもには靴や靴下のなかにプレゼントが、悪い子にはシラカバの棒が届けられるという風習がありました。聖ニコラウスをシント・ニコーラース(シンタクラース)と呼んでいたネーデルラント人(オランダ人)たちが、17世紀にニーウ・アムステルダム(現在のニューヨーク)に入植して、北アメリカにこの風習を持ちこんだとされていますが、これはちがいます。シンタクラースの伝統をアメリカに定着させ、サンタクロースに変えたのは、ほんとうは19世紀のニューヨークの人々です。

〔左〕19世紀オランダで描かれたシンタクラース（作者不詳）

2

天には栄え

クリスマスの飼い葉桶と降誕劇

　ルネサンス期の壮麗な絵画には、羊飼いと東方の三博士（マギ）による〈キリスト礼拝〉を描いた作品が数多くありますが、じつは福音書のなかでは羊飼いとマギたちは一緒に登場しません。ルカによる福音書の第2章には、羊飼いたちはイエスが降誕してすぐにベツレヘムに礼拝に来ましたが、マタイによる福音書の第2章では、マギたちはそれよりずっとあとの、降誕から12日後の夜に訪れています。この日はエピファニー（御公現の日もしくは公現日）と呼ばれています。また、キリストの降誕を描いた絵画では、家畜小屋の飼い葉桶に寝かされている幼子イエスと羊を連れた羊飼いたち、そして牛やロバが描かれていますが、この光景は想像にしかすぎません。

　飼い葉桶に寝かされている幼子イエスの具体的なイメージは、アッシジの聖フランチェスコが、グレッチオというイタリアの山村の人々のために1223年に考案したとされています。たしかに飼い葉桶は聖フランチェスコが演出した降誕劇の中心的存在でしたが、実際にはその1世紀以上も前から教会によっては飼い葉桶のまわりで歌ったり踊ったりしていたことがわかっています。つまり聖フランチェスコは飼い葉桶のイメージを考案したというよりも、以前からあったものを改良して広めたといったほうがいいでしょう。始まりこそこんなに素朴なものでしたが、それでもクリスマスの飼い葉桶も降誕劇も時代とともに発展していきました。

　クリスマスの飼い葉桶も降誕劇も、その後何世紀にもわたってヨーロッパのカトリック諸国で人気を博しました。キリスト降誕の場面の"ジオラ

マ"はイタリアではプレセピオと呼ばれ、教会だけでなく家庭でも飾られています。いっぽう、イギリスでキリスト降誕の場面が家庭に飾られ、クリスマスイヴの教会で子ども向けの飼い葉桶への礼拝がおこなわれるようになったのは20世紀に入ってからです。

子ども向けのクリスマス礼拝には〈クリスティングル〉もあります。1747年にドイツのモラヴィア教会で生まれたこの礼拝では、"世界の光"であるイエスを象徴するロウソクを"世界"を象徴するオレンジに差します。クリスティングルも、イギリスでは1968年にリンカーン大聖堂でおこなわれるようになってから知られるようになり、人気の儀式になりました。

じつはイギリスでも聖フランチェスコが考案した1223年よりもずっと古くから、ラテン語がわからない信徒のためにキリスト降誕劇が演じられていました。13世紀になると、劇中で英語の単語が使われるようになりました。また、イースター（復活祭）の劇や、イースターの60日後の聖体の祝日に聖書の物語を演じる聖史劇のように、日常的な要素により重要な役割が与えられるようになりました。

降誕劇の内容がどんどん世俗的になり、規模も大きくなって複雑なものになっていくにつれて、祭壇との距離も縮まっていきました。演者は司祭ではなくなり、演じられる場も教会内から境内へ、そして町の広場へと移っていきました。聖史劇は庶民の心をつかみ、宗教改革の初めのころは人気を博していましたが、観客たちが大暴れすることを恐れる権力者たちはこころよく思ってはいませんでした。1570年代になると聖史劇はほとんど演じられなくなり、20世紀になってようやく復活を果たしました。

イギリスで19世紀にカトリック教会が力を取りもどし、クリスマスが家庭行事として見直されると、降誕劇も復活し、北アメリカでは〈クリスマス・ページェント〉として再現されました。現在のイギリスの幼稚園では、イエ

スの降誕劇は1年の最後を飾るイヴェントとして定着しています。しかし聖と俗が長く混在してきた結果、現代の降誕劇では新しい登場人物をくわえたり、さらには世俗的な要素を強くしたりして、その性質を根本から変えて上演するところもあります。

〔P26・27〕『東方の三博士の礼拝』15世紀の細密画
〔P28〕ジョット『聖フランチェスコ伝〈グレッチオでの降誕祭〉』聖フランチェスコ大聖堂（アッシジ）のフレスコ画（1297年〜1300年）

クリスマス・キャロル

　祝歌（キャロル）は中世初期のフランスの歌とダンスをミックスしたものが起源ですが、クリスマスを祝うものという意味ではアングロサクソンのユールにまでさかのぼります。これは13世紀初めのジョン王の時代に作られた『さあ諸君、われらの唄を聴いてくれ (Seignors, ore entendez à nus)』というイングランドで最初のキャロルからよくわかります。ノルマン・フランス語で書かれたこの歌は、家を開け放ち、ご近所さんたちに酒をふるまう準備をしなさいという内容で、アングロサクソンの言葉で「Weesseyl（健康に乾杯）！」という呼びかけと「Drincheyl（喜んで）！」という応答で締めくくられます。クリスマスのお祝いとお祭り気分に満ちた内容のこの歌は、『神の御子は今宵しも』といった讃美歌よりも、往年の名歌手ナット・キング・コールの『ザ・クリスマス・ソング』のような現代のクリスマスソングに似ています。それでも、町や村や隣近所と一緒に祝うという意味では『イノシシの頭のキャロル (The Boar's Head Carol)』や、よりキリスト教的な『神が歓びをくださるように』など、もともと中世末期から近世にかけて作られたキャロルと同じものです。

　現代的なクリスマスソングと昔ながらのキャロルのちがいははっきりわかりますが、キャロルと讃美歌の区別はなかなかつきません。キャロルと讃美歌は降誕節（アドヴェント）に入ると屋外で歌われる合唱や教会内での礼拝で定番の人気曲になっています。実際のところ、クリスマスの讃美歌はもうキャロルとみなしてもいいのかもしれません。

　イギリスで最初のキリスト教的なキャロルは、アッシジの聖フランチェスコにまつわる内容のものです。イタリアで"神をたたえる歌"の〈ラウダ〉を発展させたのは、聖フランチェスコの修道会です。ラウダはフランスの"キャロル"と同じように歌とダンスの組み合わせですが、ラウダのほうはキリスト教的なメッセージが込められています。14世紀前半に作られた『子どもは人間のなかで生まれる (*A child is boren amonges man*)』を書いたのはイングランドのフランチェスコ会修道士です。

　キャロルのなかに讃美歌を含めると、広く知られた曲の歌詞が書かれた時期はふたつに分かれていることがわかります。最初の時期は15世紀から16世紀の初めにかけて、二番目の時期はメソジスト運動が始まった18世紀と、イギリスでカトリックが復活した19世紀にかけてです。現在人気のある曲のほとんどは二番目の時期に作られたものですが、同じ時期であっても曲のあいだにはアプローチの明確なちがいがあります。メソジスト運動の指導者だったチャールズ・ウェスレーが作詞した『天<ruby>に<rt>あめ</rt></ruby>は栄え』と、ソフトでセンチメンタルなトーンの『ダヴィデの村に』や、キリストの降誕と幼子イエスに焦点をあてた『かいばのおけで』では曲の感じがまったくちがいます。

〔P33〕時禱書（1450年〜1460年）にある、合唱する修道士たち

キャロルの歌唱と礼拝

　中世のイングランドでは、街を巡回していることを示して住民たちを安心させるという目的から、夜警団による楽器の演奏が許されていました。そうした"楽団"のなかには歌の名手も多くいました。19世紀になると夜警団としての役割は小さくなり、クリスマス翌日のボクシング・デーに家々を訪れて演奏し、おひねりをもらうことだけが許可されるようになりました。

　その当時にイギリスで暮らしていたアメリカの作家ワシントン・アーヴィングは、短篇集『スケッチ・ブック』(1819年〜1820年)のなかの一篇〈クリスマス・イヴ〉で、ジェイン・オースティンが活躍していたこの時代の楽団を、素朴な美しい筆致でみごとに描写しています。

　私が床に入るか入らないかのとき、音楽の調べが窓のすぐ下から静けさを破って微かに聞こえてきたように思われた。耳を澄ますと、その聞こえてくる音は、どうやら、どこか近隣の村からやってきた楽団の演奏のようであった。この楽団の一隊は、邸宅をぐるりと回って窓の下で演奏をはじめていたのだ。私は窓のカーテンを引いて、もっとはっきり聞きたいと身を乗り出した。月光が窓の上の方から射し込んで、古風な部屋の一部を照らした。次第に楽団の音が遠のいていくと、あとには、ぼんやりとした柔和な情景が浮かび上がり、それは夜の静寂と月光が溶け合うような風情であった。私はひたすら耳を澄ませて聞き入った。音が次第にやさしく、そして遠くなり、いつとはなく消える頃、私の頭

は枕に沈み、深い眠りに落ちていったのである。*2

　アーヴィングの経験はまったく一般的なものではありませんでした。楽団員たちはワッセイラーやマミング・プレーを演じる人々とはちがって酔っぱらってはいないし乱暴なこともしないとされていましたが、あくまでそれは建て前でした。この時代の、風刺漫画で有名な雑誌〈パンチ〉はこう記しています。「居酒屋に足しげく通う楽団員の歌うキャロルは、まったく聴けたものではない」

　実際には、アーヴィングがこの情景を描いたころには、すでに多くの地域で楽団は消えうせ、クリスマス・キャロルも一緒にすたれていました。それでもキャロルのほうは、のちに讃美歌と一緒に復活を果たしました。南西部の都市トゥーロの司教で、のちにカンタベリー大司教になるエドワード・ホワイト・ベンソンが1880年に考案した〈9つの聖書日課とクリスマス・キャロル〉という礼拝はおおいに人気を博し、キャロルが歌われる場所は屋外から教会内に移りました。ベンソンは、キャロルはパブで騒々しく下品な感じに歌うのではなく、教会でもっと健全で上品に歌うように人々を説得しようとしたのですが、これがみごとに成功しました。
〈9つの聖書日課とクリスマス・キャロル〉はイギリス全土に広まり、生き残っていた楽団と昔ながらの村のキャロルの合唱は消えてしまいました。家々をめぐってキャロルを歌う慣習は20世紀になっても残っていましたが、その歌い手は子どもたちの少人数のグループの場合が多く、それも1980年代以降はおこなわれなくなってしまいました。現在、街の広場や駅やスーパーマーケットでキャロルを歌う人々は、お金を稼ぐためでなく寄付を募るために歌っています。

　クリスマス・キャロルの礼拝の神髄ともいえる〈9つの聖書日課とクリス

マス・キャロル〉は、クリスマス・イヴの午後にケンブリッジ大学キングズ・カレッジの礼拝堂でおこなわれるものが一番有名です。この教会では1918年に初めてとりおこなわれ、その翌年には『ダヴィデの村に』の最初の一節を聖歌隊員がソロで歌うスタイルが導入されました。このキングズ・カレッジでの礼拝は、1928年以来、毎年BBCで放送されていて、アメリカでも300局以上の地方ラジオ局でクリスマスのさまざまな時間に聴くことができます。

〔P36〕ワシントン・アーヴィング『スケッチ・ブック』の1910年版の挿絵。"この楽団の一隊は、邸宅をぐるりと回って窓の下で演奏をはじめていたのだ"*2（セシル・アルディン画）
〔上〕1936年にケンブリッジ大学のキングズ・カレッジ礼拝堂でおこなわれた〈9つの聖書日課とクリスマス・キャロル〉のパンフレットの第5日課〈ガブリエスのお告げ（み使い来たり告げん）〉バーミンガム印刷学校

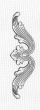

公現祭と東方の三博士
（エピファニー）

　クリスマスシーズンは1月6日の公現祭（エピファニー）で終わります。この祝日の重要性を、1823年に出版された『クリスマスの浮かれ騒ぎと十二夜のお愉しみ（*Christmas Gambols, and Twelfth Night's Amusements*)』という本はこう説明しています。

　エピファニーとは、ギリシア語で"光の出現・顕現"を意味します。そしてこの祝祭では、わたしたちの主であり救い主であるイエス・キリストが異邦人たちのまえに顕現したことが祝われ続けています。具体的に言うと、東方の三博士が星の不思議な力にみちびかれて自分たちの国からユダヤの国にやってきて、救い主のことを尋ね、讃えたことを祝っています。ユダヤの国のヘロデ王は、三博士にベツレヘムへ行けと命じました。三博士が都のエルサレムをはなれると、東方で見た同じ星が三博士の先を行き、そして幼子イエスのいる場所の上で止まったのです。家が指し示されたので、三博士はその家に入ってひれ伏し、聖なる御子に礼拝し、持ってきた宝箱を開いて黄金、乳香、没薬を献上しました。

　ギリシアで5世紀に書かれた写本には、三博士それぞれの名前が〈ガダスパ〉〈メリキオール〉〈ビティザレア〉と記され、現在での一般的な呼び名〈カスパール〉〈メルキオール〉〈バルタザール〉と驚くほどよく似ています。

3

クリスマスの
祝宴

12日間のクリスマス

　西暦567年、キリスト教世界の司教たちがフランスのトゥールで一堂に会しました。この〈トゥール公会議〉で、12月25日のイエス・キリストの降誕日から1月6日の公現祭（エピファニー）の前夜までの12日間が祝日に定められました。そのあいだの断食は禁止されましたが、公会議ではバランスを取り、クリスマスまでの40日間は黙想と断食にはげむように命じました。この期間は〈聖マルティヌスの40日〉と呼ばれ、のちに降誕節（アドヴェント）になりました。キリストの降誕だけを祝おうという意見と、どうせ祝うなら盛大にやろうという意見は長年にわたって対立し、その後の公会議では贅沢三昧をおさえるために、新

年の前後にふたたび断食の日が定められました。

　イングランドでは、真冬のお祭りがクリスマスと呼ばれるようになる以前の877年、アルフレッド大王によって12日間の祭りが法律で定められました。

　クリスマス当日は別にして、西方教会で共通するおもな祝日は以下のとおりです——最初の殉教者である聖ステファノの日の12月26日。聖ヨハネ使徒福音記者の日の12月27日。無辜聖嬰児（むこせいえいじ）の日の12月28日。そして公現祭（エピファニー）の1月6日です。1月1日は、ローマ・カトリック教会では〈神の母聖マリアの祝日〉として1931年から祝っていますが、米国聖公会や英国国教会やルーテル教会などでは〈主イエス命名の日〉としています。

　イギリスの童謡『クリスマスの12日間』の歌詞についてはさまざまな解説がありますが、『オックスフォード版伝承童謡辞典』のものが一番簡潔です。もともとはフランスの聖歌でしたが、1780年ごろにイギリスで出版された子ども向けの本『無邪気な喜び (*Mirth without Mischief*)』で初めて掲載された、想像をふくらませるような長い歌詞を記憶ゲームのように歌って、まちがえると罰ゲームがあるというお遊びでした。2世紀以上にわたって子どもたちを愉しませてきたこの歌は、イギリスのクリスマスを語るうえで欠かせないものになっています。

〔P40・41〕トーマス・ハーヴェイの『クリスマスの本 (*The Book of Christmas*)』（1836年）のなかの〈クリスマスの祝宴 (Christmas Dinner)〉の挿絵（R・シーモア画）
〔左〕『クリスマスの12日間』より〈ナシの木に止まるヤマウズラ〉（1780年）

十二夜

　作家のチャールズ・ディケンズをはじめとしたヴィクトリア朝時代のイギリスの人々にとって、公現祭の前夜にあたる十二夜はクリスマスシーズンの最後の夜であり、クリスマスという祝祭全体のハイライトのひとつでした。しかし今ではその重要性は失われ、代わって大みそかの夜が大きなお祭りになっています。最後まで残っていた"飾りつけの片づけ"という十二夜の習わしも、最近ではもうあまり見られなくなりました。十二夜と言われてもシェイクスピアの作品しか思い浮かばないようになってかなり経ちますが、それでもその伝統行事の多くはかたちを変えて残り、クリスマスの祝日とは別の日におこなわれています。

　そうした十二夜の伝統には異教的なものもあります。たとえば男装と女装で演じる無言劇は、シェイクスピアの劇やジェームズ1世の時代の宮廷仮面劇だけでなく、古代ローマのサトゥルナリア祭までさかのぼることができます。ケーキといえば今ではクリスマスですが、ディケンズの時代には十二夜に食べていました。そしてそのケーキには豆がひと粒入っていて、それが当たった人は〈豆の王〉や〈豆の女王〉になるところもサトゥルナリア祭と同じです。キリスト教の公現祭は1月2日以降の最初の日曜日におこなわれるようになりましたが、異教を起源にする十二夜の伝統行事はどんどん前倒しにされ、12月に始まるか、もしくは12月のどこかで祝われるようになりました。十二夜のどんちゃん騒ぎは、今では年越しのお祝いに取り込まれています。

　イギリスで十二夜が一番の盛り上がりを見せていたのは17世紀の初めのころで、その雰囲気は、この時代の詩人ロバート・ヘリックの『ヘスペリ

ディーズ』の最初の一行〈さあさあ浮かれ騒ぎの始まりだ〉が一番よくあらわしています。この詩は、当時のイギリスを支配していた清教徒たちが出したクリスマスのお祝いの禁止令に抗議するために1648年に書かれたものですが、十二夜のお祭りの伝統を称えるものでもありました。

〔上〕ウィリアム・ハリソン・エインズワースの小説『メルヴィン・クリザローの冒険と人生（The Life and Adventures of Mervyn Clitheroe）』（1858年）の〈農夫シャケシャフトの納屋での十二夜のお祭り騒ぎ〉の挿絵（ハブロット・ナイト・ブラウン画）

清教徒^{ピューリタン}のクリスマス

清教徒^{ピューリタン}たちのクリスマスに対する考え方は、メイフラワー号で北アメリカに移住した〈ピルグリム・ファーザー〉のひとり、ウィリアム・ブラッドフォードが見事に言いあらわしています。1621年の日記の最後のほうで、ブラッドフォードはプリマス植民地に新たに到着した移民たちがピューリタンの規則を守っていないと嘆いています。ここでブラッドフォードは自分のことを"総督"と表現しています。

クリスマスと呼ばれる日に、総督はみんなに（普段どおりに）働くよう命じた。しかし新たにやってきた人々のほとんどは、この日に働くのは良心に反すると言って耳を貸さなかった。そこで総督は、もし良心の問題だというのなら、もっと多くを学ぶまでは大目に見てやると言った。そして残りの者たちを連れて仕事に出かけた。しかし午に仕事から戻ってくると、仕事に行かなかった者たちが街角で堂々と遊びに興じていた。棒投げをする者もいればボール遊びをする者もいた。そこで総督は彼らに近づき、遊び道具を取り上げて、ほかの人たちが働いているというのに遊ぶというのは自分の良心に反すると言った。このクリスマスという日に祈りを捧げたいのなら、家で祈るがいい。しかし街角で遊んだりはしゃいだりしてはならないと命じた。それ以来、クリスマスに少なくとも公然と街角で遊ぶ者はいなくなった。

マサチューセッツ州でクリスマスが公式な祝日になったのは1856年のことです。

The Vindication of
CHRISTMAS,
OR,
His Twelve Yeares Observations upon the

Times, concerning the lamentable Game called Sweep-
stake; acted by General *Plunder*, and Major General *Tax*;
With his Exhortation to the people; a description of that
oppressing Ringworm called *Excize*; and the manner how
our high and mighty Christmas-Ale that formerly would
knock down *Hercules*, & trip up the heels of a Giant, strook
into a deep Consumption with a blow from *Westminster*.

Keep out, you come not here,

O Sir, I bring good cheere.

Old Christmas welcome; Do not fear.

x

x

x

　大西洋の向こう側では、イングランド議会とスコットランド議会が〈厳粛な同盟と契約〉で手を結んで国王チャールズ1世に反旗をひるがえし、"神の支配"をさらに進める宗教的な変化をもたらしました。そして1644年の12月19日、議会は「12月25日は過去の冒瀆的でふしだらなクリスマスを悔いるための特別な斎日とし、毎年続ける」という法令を発しました。

　この法令は大きな反感を招き、47ページにあるような反ピューリタンを訴えるパンフレットがいろいろと出まわりました。

　クリスマスを"廃止"したのはピューリタンの指導者オリヴァー・クロムウェルだと言われることもありますが、これは誤りです。1644年の法令が出されたとき、クロムウェルは政治的支配者ではなく軍の司令官だったのですから。ひとりの独立したキリスト教信者であろうとしたクロムウェルは、キリスト教の慣習をピューリタンのやり方に統一しようとするつもりはあまりありませんでした。それでもクロムウェルは、政治的支配者になってもクリスマス禁止令を取り消しませんでした。屋外でのクリスマスのお祝いに大勢の人々が集まれば、意図的であれ偶発的であれ、たちどころに暴力的な抗議活動に発展してしまうと危惧していたのです。とはいえ議会にしてもクロムウェルにしても、よく言われるようにクリスマスプディングやミンスパイをとくに禁止したわけではありません。この"禁止令"は、"プディング王"と呼ばれたジョージ1世が18世紀に復活させるまでプディングはクリスマスのメニューにはなかったという話と同じように俗説にしかすぎません。

　亡命していたチャールズ2世が帰国を果たすと、クリスマスも戻ってきました。すっかり元どおりになったというわけではありませんでしたが、スイスの旅行作家セザール・フランソワ・デ・ソシュールがクリスマスに目撃したイギリス人たちの様子が本当だとするならば、1720年代には完全復

活していたと思われます。

　イギリスの人々はみな、互いに"メリー・クリスマス"と"ハッピー・ニューイヤー"と声をかけ合って祝い、プレゼントを贈り合う。この慣習を無視する人などいない。この祭りの日には、教会や家々の玄関とその広間、各部屋、台所などに月桂樹やローズマリーといった緑の葉が飾られる。王から職人にいたるまで、誰もがスープとクリスマスのパイを食べる。このスープはクリスマスポリッジと呼ばれ、外国人の口にはあまり合わない。これは面白い話なので、ぜひここで語っておかなければなるまい。クリスマスポリッジは干しブドウとプラムとスパイスを煮汁で煮込んだものだが、そこに裕福な人々はワインを、そうではない人々はビールを加えるのだ。イギリス人にとっては素晴らしいごちそうだが、わたしにとっては絶対にそうではない。クリスマスのパイは誰もが好む料理で、刻んだ肉やスグリの実、牛のすじ肉、その他の美味しい材料を使って作る。クリスマスの前後の2日か3日しか味わうことができないが、その理由はわからない。

〔P47〕クリスマスの正当性を訴えるパンフレット（1653年）

七面鳥・プラムプディング・ミンスパイの起源

　中世イングランドのクリスマスディナーのメインディッシュといえば、王侯貴族でも庶民でもイノシシの頭でした。その伝統はアングロサクソンのユールにまでさかのぼり、『イノシシの頭のキャロル』にあるように、チューダー朝まで続きました。しかし、ワシントン・アーヴィングがクリスマスの架空の情景をほめたたえた『スケッチ・ブック』を発表した1820年ごろには、イノシシの頭はとっくにすたれていました。その当時の生粋のイギリス生まれの人々にとっての伝統料理はローストビーフとプラムプディングで、クリスマスはもちろんのこと、それ以外のお祝いの席でも供されていました。ローストビーフもプラムプディングも、景気がいいときにはカエルの脚を、悪いときには草を食べるとされていた"貧相な"フランス人とイギリス人のちがいを示す、栄養満点の料理でした。

　19世紀、とくにイギリス南部では、牛肉に代わってガチョウがクリスマスのメインディッシュになりました。ガチョウより高価でしたが、七面鳥も使われていました。じつはイギリスでは、七面鳥は16世紀から食べられていて、1573年に書かれた『亭主にふさわしいクリスマス料理（*Christmas husbandlie fare*）』という詩でも肯定的に描かれています。18世紀になるころにはもうノーフォークやケンブリッジシャーで大量に飼育されていて、裕

〔左〕『クリスマスと新年のお祝いの本（*A Holiday Book for Christmas and the New Year*）』にある〈ホルボーンヒルの鳥肉屋〉の挿絵（1852年）

福な人々のあいだで人気を博していました。そうした生産地で育てられた七面鳥たちは、8月になると足に小さな革靴をはかされて、ロンドンに向かって連れていかれました。チャールズ・ディケンズの小説『クリスマス・キャロル』で、改心したスクルージが大きな七面鳥をボブ・クラチットに贈ったことからもわかるように、クリスマスのごちそうは1840年代になるとガチョウから七面鳥に取って代わられました。それでもアメリカのようにイギリスでも七面鳥が一般的になり、クリスマスディナーの定番になったのは、冷蔵庫が普及した1950年代からです。

　プラムプディングの先祖は、中世に食事の最初に出されていた、パンと肉を一緒に炊いたプラムポタージュ（ポリッジ）です。18世紀の初めには、そこにさまざまなドライフルーツが入り、スパイスや砂糖やワインで味つけされるようになりました。しかし外国人の口には合わず、イギリス人にしても18世紀の後半になるとだんだん食べなくなりました。

　この時代に書かれた3冊の有名な料理本から、ポタージュが衰退しプディングが台頭していったことがよくわかります。1727年のイライザ・スミス著『家庭料理完全読本（*The Compleat Housewife*）』にはポタージュは載っていますが、プディングはありません。1746年のハンナ・グラッセ著『簡単料理術（*The Art of Cookery Made Plain and Easy*）』には両方のレシピが載っていて、ポタージュのレシピはスミスの本と同じですが、〈クリスマス用のプラムポリッジの作り方〉という見出しからして、季節料理という点が強調されています。1773年のシャーロット・メイソン著『女性のお助け本（*The Ladies' Assistant*）』ではポタージュは消えていて、ハンナ・グラッセとほぼ同じ内容

〔右〕『ビートン夫人の家政読本（*Mrs Beeton's Book of Household Management*）』にある〈プディングと焼き菓子〉の挿絵（1892年）

Iced Pudding.

Apricot Fritters.

Pancakes & Apricot Jam.

Charlotte Russe.

Macaroni Cheese.

Cherry Tart.

Mince Pies.

Almond Puddings.

Tartlets.

Compote of Fruits.

Fruit Pudding.

Fruit Tart.

Christmas Plum Pudding.

Milk Pudding.

Roly-Poly Jam Pudding.

の、現在の作り方ととてもよく似ているプディングのレシピが載っています。牛肉で使うのは脂身のみになり、プルーンのかわりに"プラム"（ドライフルーツの総称）が使われ、そして卵と牛乳と小麦粉、そしてブランデーが加えられました。

　プラムプディングが"砲弾の頭のかたちにヒイラギの葉の飾り"という現在のスタイルになったのは1830年代ですが、それまでの溝のあるフルール型も作られ続けています。ディケンズの1836年の短篇集『ボズのスケッチ』では、クリスマスの家庭料理の中心として描かれています。それでも"クリスマスプディング"という名前は、1845年のイライザ・アクトン著『当世料理術（*Modern Cookery*）』で初めて使われました。

　最近のイギリスでは、定番のレシピに珍しい食材を加えた"豪華な"クリスマスプディングが作られ、さまざまなスーパーマーケットが毎年競い合うようにして売り出しています。しかし一番大きな変化は料理時間が短くなったことです。昔は何時間もかけて準備をして作っていたのに、今では買ってきたものを電子レンジで数分温めればいいのですから。19世紀から20世紀にかけては、かつての〈豆の王〉のようにクリスマスプディングにコインを入れておく慣習がありましたが、それも電子レンジで"チン"するようになったことで途絶えてしまいました。

　ミンスパイの名前が初めて登場したのは17世紀初めのことです。プラムポタージュやプラムプディングと同じように、最初はドライフルーツと一緒にひき肉も入っていました。1649年から60年にかけての国王空位期にミンスパイを作ることが禁じられていましたが、それは飼い葉桶のかたちの大きなパイを作って、そのなかに幼子イエスをかたどった焼き菓子を入れることを、清教徒たちが"ローマ・カトリック的"かつ"偶像崇拝的"だとして否定したからだと言われています。

ヤドリギの下でのキス

　眼にもあざやかな緑の葉と白い実が、冬枯れの景色のなかできわだつ常緑樹のヤドリギは、真冬のお祭りの飾りつけにうってつけです。北欧神話ではその魔力で光の神バルドルを殺す矢となり、ドルイド教では儀式に使われました。

　そうした伝説があるからでしょう、キリスト教の教会では何世紀ものあいだヤドリギを飾ることを禁じていたという俗説がありますが、根拠はありません。実際、ヤドリギがクリスマスの飾りとして文献に登場したのは、

聖燭祭の前夜のことを書いたロバート・ヘリックの1648年の詩『ヘスペリ
ディーズ』が最初です。クリスマスから40日後、イエスがエルサレムの神殿
に初めて連れてこられた2月2日におこなわれる聖燭祭は、公現祭を過ぎて
も長もちする常緑樹の飾りをはずす時期とされていました。

"ヤドリギの下にいる若い女性はキスを拒むことができない"という伝統
がありますが、それを最初に描いた図版は、1794年のちょっとエッチな漫
画です。たぶんこの伝統は18世紀のどこかで生まれたのでしょう。薬学者
のジョン・コルバッチ卿が1720年ごろに書いた、ヤドリギとその利用法に
ついての本にはキスのことは記されていません。ワシントン・アーヴィング
も、『スケッチ・ブック』で描いた邸宅〈ブレイスブリッジ・ホール〉でのクリ
スマスの場面で、この"伝統"を説明する必要があると感じて脚注をつけま
した。

　起源がどうであれ、たちまちのうちにこの"キスの伝統"の活用法が数多
く描かれました。ディケンズの『クリスマス・キャロル』（1843年）にある
フェジウィッグ氏の舞踏会の場面の挿絵では、ヤドリギは絵の中心に描か
れていますが、やはりこの伝統を示す場面も左側にしっかりと配置されて
います。

〔P55〕ワシントン・アーヴィング『スケッチ・ブック』の一篇〈クリスマス・イヴ〉の挿絵。"可愛
いメイドさんたちには、今にも危険が迫ってくるようであった。2"（1918年）
〔左〕チャールズ・ディケンズ『クリスマス・キャロル』の〈フェジウィッグ氏の舞踏会〉の挿絵。
ジョン・リーチ画（1843年）

4

大西洋を越えた
ヴィクトリア朝の
クリスマス

ワシントン・アーヴィングと
クリスマスの復活

　清教徒に抑えつけられていたイギリスのクリスマスは、1660年のチャールズ2世による王政復古で復活しましたが、かつてのお祝いの活気は戻りませんでした。政治家で作家のサミュエル・ピープスは、1666年12月25日の日記で教会に行ってミンスパイも愉しんだと書いていますが、クリスマスの日にもときどき仕事をしていたとも告白しています。

　18世紀の終わりから19世紀の初めにかけては、十二夜と公現祭がクリスマスのお祭りの中心になり、家庭内での"お芝居"や、水を張った大きなたらいに浮かべたリンゴを口だけでくわえて取る"アップル・ボビング"といったゲームを愉しみました。19世紀になると十二夜の重要性はうすれ、クリスマスのほうにどんどん重きが置かれるようになりました。

　"伝統的な"クリスマスの風景としてイギリスの人々が思い浮かべるもののひとつに"雪のなかを走る駅馬車"がありますが、これはチャールズ・ディケンズと、ディケンズより30歳近く先輩のアメリカの作家ワシントン・アーヴィングが作りあげたイメージです。アーヴィングがウォルター・スコットを尊敬していたように、ディケンズもアーヴィングに大きな敬意を

〔P58・59〕『アルファベットの語呂合わせ絵本（*An illustrated rhyming alphabet*）』（1894年）より〈RはReindeerのR〉

〔左〕ワシントン・アーヴィング『スケッチ・ブック』の1910年版の挿絵。"子供たちがマスター・サイモンの周りを忙しげに飛び回る様子は、あたかもフォルスタッフをめぐるおどけた妖精の振舞いのように思えて愉快であった"[2]（セシル・アルディン画）

払っていました。

　アーヴィングは1815年から20年にかけてイギリスに滞在し、そのあいだの1819年から20年に短篇集『スケッチ・ブック』が大西洋の両側で出版され、絶賛を浴びました。『スケッチ・ブック』には、アメリカを舞台にした有名な『リップ・ヴァン・ウィンクル』や『スリーピー・ホローの伝説』といった短篇小説だけでなく、ヨークシャーの片田舎に暮らす架空の人物で、古風ながら温厚な地主のブレイスブリッジ氏の邸宅〈ブレイスブリッジ・ホール〉で過ごしたクリスマスの様子も載っています。『スケッチ・ブック』のなかのアメリカの物語はもちろん有名ですが、イギリスについて書かれた部分はさらに大きな影響を人々に与え続けています。こうした話のなかで、アーヴィングはイギリスの田舎の"伝統的な"クリスマスの見事なモデルを創造したのです。この時代のイギリスは不況でしたが、それでも都市化に歯止めがかからない状況でした。そのせいで社会が変化して混乱し、街角では犯罪が増え、人々の不安も増すばかりでした。そんななか、アーヴィングが作りあげた理想郷の物語は読者の想像力を刺激し、大恐慌時代の1930年代に"憂さ晴らし"として流行したハリウッド映画にも匹敵する影響をもたらしたのです。

　古式ゆかしいものからその時代のものまで、アーヴィングはありとあらゆるクリスマスのお祝いの要素を、すべての調和が取れて心安らぐ、失われつつある雄大さをまだ保っていた情景のなかに描きました。そうした情景そのものも、昔から続く真冬の祝祭のイメージをたしかなものにしています。さらにアーヴィングは、〈サー・ロジャー・ド・カヴァーリー〉の精神を意図的に表現しました。サー・ロジャー・ド・カヴァーリーとは、その100年ほど前にエッセイストのジョセフ・アディソンが友人のリチャード・スティールとともに創刊した新聞〈スペクテイター〉に登場する、ちょっと野暮です

が気立てがよくて善良な、架空の田舎紳士です。サー・ロジャーは、クリスマスになると"自分の大邸宅に村人たちがこぞってつどい、浮かれ騒ぐ"様子を見ることが好きで、12日間ずっと"コールドビーフとミンスパイをテーブルに置き、食べ放題にして"いました。またサー・ロジャーは、訪ねてきた厳格なピューリタンが、まるで自分の信じる教義をすっかり忘れたかのように"プラムポリッジをたんまりと食べた"と愉しげに語っています。つまりサー・ロジャーは、アーヴィングとディケンズが描いた人物たちの先達なのです。

　しかし『スペクテイター』内のサー・ロジャーの大邸宅でのクリスマスよりも、『スケッチ・ブック』の〈ブレイスブリッジ・ホール〉でのそれのほうがはるかに豊かです。アーヴィングの作品は、よみがえらせた、もしくは創造した伝統を誇らかに描いた傑作です。アーヴィングは基礎を築き、そしてディケンズをはじめとした才気あふれる模倣者たちとともに物語をつむぎだしていきました。そうやって理想のクリスマスを創造したのです。

　アーヴィングの手によるクリスマスの情景の数々は1820年代にとてつもないほどの魅力を放ち、そしてその多くは今でも人々の心をとらえ続けています——今はもうすたれてしまった"ワッセイルの大杯"とパチパチと燃える"大薪ユールログ"、白く輝く雪と、それに赤く映えるコマドリとヒイラギの実などです。こうしたものこそが、キャロルや飾りつけやプレゼントと同じようにクリスマスのお祭り気分を盛り上げるのです。それだけではありません。アーヴィングは、ブレイスブリッジ氏の友人である牧師にピューリタンたちを非難させ、クリスマスを大いに愉しむよう信徒たちに語りかける説教をさせました。つまるところ、クリスマスとは若い喜びと笑いが絶えない、子どもにやさしい季節なのです。

　クリスマスのあり方は、このようにして変わっていきました。

アーヴィングの
"空飛ぶシンタクラース"

　ワシントン・アーヴィングは、クリスマスに魔法のような魅力をもうひとつつけ加えました。1809年の『ディートリッチ・ニッカーボッカーのニューヨーク史』で、現代に至るサンタクロースの原形を作りあげたのです。当時のニューヨーク市は拡大を続け、大都市になりつつありました。ニューヨーク歴史協会の会員たちは、この市の伝統を記録しようとしていました。その善意の努力を、アーヴィングはこの作品でパロディにしたのです。デビュー作でもあるこの物語は大当たりし、スコットランドの詩人で小説家のウォルター・スコットは、この本を妻とふたりの友人に向かって音読したあと、「四人とも本当に脇腹が痛くなるほど大笑いした」と記しています。

　『ディートリッチ・ニッカーボッカーのニューヨーク史』で、アーヴィングは聖ニコラウスを登場させました。聖ニコラウスは「子どもたちに毎年プレゼントを運んでくるときに使う馬車に乗り、木々の上を走ってやってきて」新大陸に渡ってきたオランダ人たちにマンハッタン島に入植するよう命じました。もちろん、オランダ人たちは自分たちの守護聖人に感謝し、こんな儀式を始めました。「12月6日の聖ニコラウスの祝日の前夜に煙突の下に靴下を吊るした。すると不思議なことに朝になると、その靴下にはかならず贈りものが入っていた。昔から聖ニコラウスは、とくに子どもたちに贈りものをよく持ってきていたのだ」

　「梢のあいだや家々の屋根の上を陽気に駆け抜け、時おり腰のポケットから豪華な贈りものを取り出して煙突から落とす」聖ニコラウスは、子どもた

ちから親しまれていました。実際のところ、聖ニコラウスは「親たちのだらしなさを示すために、贈りものは子どもたちにしか渡し」ませんでした。

　アーヴィングの描く聖ニコラウスはとにかく慈悲深く、ブレイスブリッジ氏と同じく善意を擬人化した存在でしたが、このときはまだ12月初めの自分の祝日と結びつけられていました。しかしアーヴィングは、イギリスで信じられていたクリスマスそのものを擬人化した存在も意識していました。その存在は、『スケッチ・ブック』内の一篇〈クリスマス〉の冒頭でアーヴィングが引用した、1646年の反清教徒（ピューリタン）のパンフレット『クリスマスのお爺さんを追う叫び声』の一節で印象的に描かれています。「しかし、あの昔懐かしいクリスマスのお爺さんは、もういないのだろうか。残っているのは立派な白髪と顎鬚（あごひげ）だけなのだろうか。では、それをいただこう。それ以外、お爺さんの残したものがないというのであれば。₂」

　陽気な聖ニコラウス、もしくはサンタクロースがファーザー・クリスマスと一体化するのはそれから半世紀後のことですが、アーヴィングはその作業をもう始めていました。『スケッチ・ブック』はアメリカとイギリスの両方でベストセラーになり、クリスマスプレゼントの定番になりました。読者たちを夢中にさせたのは、この本で初めて示された、少なくとも昔ながらの伝統にしっかりと根づいているように見える、子ども中心で家庭的なクリスマス像でした。そのことに気づいたほかの作家たちも、すぐに同じような作品を発表するようになりました。

〔P65〕クレメント・クラーク・ムーア作『サンタクロースがやってきた』の挿絵（W・W・デンスロー画、1902年）
〔左〕クレメント・クラーク・ムーア作『サンタクロースがやってきた』の挿絵（アーサー・ラッカム画、1931年）

Old SANTECLAUS with much delight
His reindeer drives this frosty night,
O'er chimney tops, and tracks of snow,
To bring his yearly gifts to you.

古き良きサンタクロース

　現在のサンタクロースは、アメリカの詩人クレメント・クラーク・ムーアが1822年に書いた『サンタクロースがやってきた（聖ニコラウスの来訪）』のなかで創造しました。それでも、ワシントン・アーヴィングの"空飛ぶシンタクラース"が、いまだに人気が衰えないムーアの新しい聖ニコラウス像にいきなりなったわけではありません。赤い服を着て白いひげをたくわえたサンタクロースは、1821年にニューヨークで出版された『子どもたちの仲間 第3巻——5歳〜12歳児向けの新年のプレゼント（*The Children's Friend, Number III: A New-Year's present, to the little ones from five to twelve*）』、通称『にこにこ顔のサンテクラウスのおじいさん（*Old Santeclaus with Much Delight*）』という詩の1行目で初めて登場しました。誰がこの詩を書いたのかも挿絵を描いたのかもわかりませんが、それでもこの詩には重要な意味があります——サンテクラウスという現代のサンタクロースに近い名前になっているだけでなく、贈りものを届けるのは聖ニコラウスの祝日の前夜ではなくクリスマスイヴに、それも自ら煙突から下りて靴下に贈りものを入れるというスタイルになっているのです。乗りものもトナカイが曳くそりになっていますが、曳いているのは1頭だけです。挿絵には描かれてはいませんが、詩のなかに描かれる情景は、どこからどう読んでもわたしたちが想像するとおりの雪景色です。

　ただ、恰幅のいい陽気なおじいさんとしては描かれていません。アーヴィング以前の存在と同じように、サンテクラウスも悪い子にはシラカバの棒

しか渡しません。それどころかきびしく気難しい一面もあって、子どもたちはその姿を見てもいいけれど絶対に話をしてはいけないことになっていました。

にこにこ顔のサンテクラウスのおじいさん
トナカイのそりに乗って、寒い寒い夜を駆ける
煙突の上を、雪の上を
毎年、贈りものを届けるために

むかしから、ずっといい子の友だち
家の仕事をする子の、うそをつかない子の友だち
毎年、クリスマスイヴに大喜びでやってくる
愛情と安らぎに満たされた家にやってくる

サンテクラウスは家々をめぐり
いろいろなベッドと靴下を見つける
雪のように白くて、きれいにつくろわれたベッドもあれば
ブタの寝床のように見えるベッドもある

この子にはかわいいお人形をあげよう
この子にはコマかボールを
クラッカーや爆竹やロケット花火はご法度
眼がつぶれたりポケットが破れたりするから

女の子でも男の子でも、いい子のところにはどこでも行く

口ゲンカや殴りあい、大さわぎがきらいな子のところに
いい子にはリンゴやお菓子をあげる
ピストルの木のおもちゃやきれいに塗った手押し車も

お母さんの耳をキーンとさせる太鼓はあげない
妹やお姉さんを怖がらせる剣もだめ
でも心の糧になる素敵な本なら大丈夫
いろんな知識を学ぶことができるから

でもききわけがない子がいたら
お行儀が悪い子　いばりんぼの子
親に感謝しない子　うそつきの子　口の悪い子
ケンカ好きな子　ずるい子　いやしい告げ口屋の子

そんな子たちには黒くて長いシラカバの棒をあげよう
その棒を親が手にして
神のように恐ろしい罰を
善き行いをしたがらない子たちに下せるように

〔P68〕『にこにこ顔のサンテクラウスのおじいさん』
の挿絵（1821年）
〔右〕『にこにこ顔のサンテクラウスのおじいさん』の
挿絵（1821年）

チャールズ・ディケンズと
クリスマスのごちそう

　ワシントン・アーヴィングとチャールズ・ディケンズは手紙で連絡を取り
あっていました。その最初の手紙からは、ディケンズがどれほどアーヴィン
グと一緒に〈ブレイスブリッジ・ホール〉に"行きたかった"のかが伝わって
きます。実際にディケンズは最初の本格的長編『ピクウィック・ペーパーズ
(*The Pickwick Papers*)』で、空想のなかとはいえ〈ブレイスブリッジ・ホール〉
を訪れています。〈ピクウィック・クラブ〉のメンバーたちが、陽気な地主の
ウォードル氏のディングリー・デルにある屋敷に招かれてクリスマスを愉
しむ場面は、アーヴィングの描写力があればこそでした——ディケンズ本
人が嬉々としてアーヴィングにそう語っています。1837年に出版された
『ピクウィック・ペーパーズ』は、アーヴィングの『スケッチ・ブック』と同様
に売れに売れまくりました。そしてこの作品もまた、"田舎に息づく昔なが
らの理想のクリスマス"のイメージを見事に作りあげ、今でもクリスマス
カードに描かれるような情景を読者たちの心のなかにしっかりと刻みこみ
ました。

　それでも『スケッチ・ブック』が出版されてから『ピクウィック・ペーパー
ズ』までの短いあいだに、クリスマスは大きく変わりました——家族で愉
しむ家庭の行事というイメージが根づいていったのです。1830年代の中
ごろの時点ですら、昔から伝わってきたとされるクリスマスの"真の姿"を
解き明かす本がいくつか出版されていました。そんな本のなかのひとつ
が、詩人で批評家のトーマス・K・ハーヴェイが1836年に書いた『クリスマ

スの本（*The Book of Christmas*）です。その副題は、何でも感のある〈クリスマスシーズンの慣習・儀式・伝統・迷信・娯楽・心情・祝祭について〉となっています。のちに『ピクウィック・ペーパーズ』も手がけることになるロバート・シーモアが描いた挿絵は、前年の12月に若きディケンズが発表したエッセイ『クリスマスの浮かれ騒ぎ（*Christmas Festivities*）※』と同じように、クリスマスの新たな理想像をとらえています。クリスマスシーズンのあらゆる行事が、それを祝うことができる人々のために生き生きと描き出されています。その精神は、詩人で随筆家のリー・ハントが、自身が編集する文芸誌『ロンドン・ジャーナル（*The London Journal*）』の1835年1月7日号に載せた『十二夜（*Twelfth Night*）』という快活感あふれる一篇にもあらわれています。

　　クリスマスは十二夜で華々しく幕を閉じる。それだけの日数をかけるにふさわしい終わり方だ。クリスマス当日はクリスマスシーズンの朝、1月1日はそのちょうど真ん中もしくは正午。そして十二夜は"十二夜のケーキ"という無数の星が輝く夜だ。この島（グレートブリテン島のこと）が、いや、キリスト教世界が宮廷となり、誰もが王となり女王となる。誰もがほかの誰かとなり、自分とはちがう人間を演じ、それを笑い、許すことを同時に学ぶ。ケーキ、演じる役柄、罰金、灯り、芝居、浮かれ騒ぎの部屋、お祭り気分の小さな顔、そして最後に登場するのは砂糖で塗りたくったケーキはぞっとしない食べものだが、見るぶんには素晴らしい。

　　このなかにある"お祭り気分の小さな顔"という言葉は、子どもたちとその家族にとってクリスマスシーズン全体が大切なものだということを示していて、とくに注目に値します。十二夜は若いディケンズとその家族にとって一番好きな日で、長男チャーリーの誕生日でもあったのでおおいに盛り

上がりました。十二夜は朗読と歌と踊り、さらには手品を愉しむ夜でもありました。子どもたちが大きくなるにつれ、ディケンズ家でクリスマスを祝う人数も招く友人も増え、お芝居は本格的な演劇になりました。ディケンズ家の演劇には、『クリスマスの浮かれ騒ぎと十二夜のお愉しみ』のようなクリスマスのお愉しみの"マニュアル本"に載っていたキャラクターは必要ありませんでした。ディケンズ自身や、友人で小説家のウィルキー・コリンズの作品の登場人物を使えばよかったのですから。ディケンズは自分の家庭で、そして自分が書いたクリスマスの物語を通じて多くの読者に対して、クリスマスシーズンのさまざまな行事を仕切りました。

〈ピクウィック・クラブ〉の面々がディングリー・デルで愉しんだ"昔ながらの"クリスマスは、この時代の人々を魅了していた、アーヴィングの描くクリスマスを忠実に再現したものでした。その魅力のひとつが、この時代に黄金期を迎えていた駅馬車に乗って、都会暮らしの面々が気軽に出かけた真冬の田舎への旅を、読者たちが疑似体験するところでした。駅馬車そのものが昔ながらのクリスマスのノスタルジックな情景のひとつだと考えている現代のわたしたちからすれば、これは奇妙に思えるかもしれません。ところが、摂政時代と呼ばれる1810年代の末ごろからヴィクトリア朝時代の初めのころにかけては、駅馬車は今とはかなりちがう眼で見られていました。鉄道網がまだまだ発達していなかったこの時代、ますます効率的な乗り物に進化していた駅馬車は大人気でした。道路は大幅に改善され、1750年には2日かかっていたロンドンからケンブリッジまでの旅は、1820年には7時間に短縮されました。ジェイン・オースティンの小説『高慢と偏見』のダーシー氏は、自信たっぷりにこう言い切っています。「道は悪くないし、五十マイル（約80キロメートル）ぐらい何でもない。せいぜい半日の旅じゃないですか*3」。一番肝心なのは、冬にも旅ができたところです。そのおかげで貴族院議

員も庶民院議員も、そしてブレイスブリッジ氏やウォードル氏のような大地主も、昔のように田舎の屋敷でクリスマスを祝い、客たちをもてなし、年が明けるとすぐさまロンドンに戻って、新年早々から議会に出席することができるようになりました。

　ウォードル氏が催したようなクリスマスのお祝いがあたりまえだったというわけではありませんが、ノスタルジーとは、ある程度の現実にもとづくものでなければ成立しません。冬の駅馬車の旅もディングリー・デルのクリスマスの祝宴も、おおいにありえたことです。この情景の力はかなり強く、ヴィクトリア朝時代の人々が理想としていたクリスマスに組みこまれました。その理想は今を生きるわたしたちにとっても理想的なものなので、現在のクリスマスにも組みこまれています。

　今でもディケンズは、ヴィクトリア朝時代の理想像を作りあげた作家だと広く見なされています。またディケンズは、その筆力で都会の小さな家庭で毎年祝われるクリスマスの慣習を魅力的に描き、それもまた昔ながらのクリスマスのひとつにしました。『クリスマスの浮かれ騒ぎ※』では、燃えさかる炎や満たされたグラスや芝居の陽気な登場人物、火のついたクリスマスプディング、そして美味しいミンスパイが登場します。田舎のクリスマスを描いた『ピクウィック・ペーパーズ』と同じように、この作品も誰もが愉しめるクリスマスのガイドブックになりました。それとも、1843年のあの作品でディケンズが声を大にして訴えていたように、ひとりをのぞいてすべての人々にとってなのかもしれませんが……。

　"あの作品"とは『クリスマス・キャロル』のことです。この物語に描かれているクリスマスのイメージはとんでもなく強力で、新しい理想のクリスマス像としてあっというまに定着しました。フェジウィッグ氏もスクルージの甥も、さらには貧しいクラチット家の人々も、みんな"愉しいクリスマス"

を祝おうとしますが、改心していないスクルージはそうではありません。それでもディケンズは、〈無知〉と〈貧困〉を擬人化した、みすぼらしい身なりの腹ぺこの子どもたちが、本当にクリスマスを愉しむことができないことを示します。現代の多くの読者は（そしてもちろん観客や視聴者も）スクルージが救われたとわかったあとに「自分も救われるのだろうか？」という思いにとらわれます。だからこそ『クリスマス・キャロル』は偉大な寓話となり、そしてこの作品と作者のディケンズは毎年クリスマスになるといろいろな場面で取り上げられ続けているのです。

※1836年に『ボズのスケッチ』に収録され、『クリスマスの晩餐（A Christmas Dinner）』と改題されている。
〔P73〕チャールズ・ディケンズ『クリスマス・キャロル』の挿絵〈スクルージと第二の精霊〉（ジョン・リーチ画、1843年）

ヴィクトリア女王のクリスマスツリー

　イギリスにクリスマスツリーを持ちこんだのはヴィクトリア女王の夫の
アルバート公だとされていますが、実際にはちがいます。それでもアルバー
ト公がクリスマスツリーを広めたのはたしかです。ドイツ伝統のクリスマ
スツリーをイギリスに持ってきたのは、ジョージ3世にドイツから嫁いで
きたシャーロット王妃です。このドイツの伝統はイギリスの貴族界ですぐ
に受け入れられました。この伝統は、ジョージ3世の跡継ぎのウィリアム4
世に嫁いだ、やはりドイツ出身のアデレード王妃に受け継がれました。ウィ
リアム4世の姪でのちに女王になるヴィクトリアは、13歳だった1832年に
「2本のクリスマスツリーにはロウソクと砂糖菓子の飾りが吊るされてい
ました。木の根元のまわりはプレゼントだらけでした」と記しています。

　1848年12月、世界初の挿絵入り週刊新聞〈イラストレイテッド・ロンド
ン・ニューズ〉のクリスマス特集に掲載された〈ウィンザー城のクリスマス
ツリー〉という挿絵は、クリスマスイヴに幻想的な光を放つクリスマスツ
リーのまわりにつどうヴィクトリア女王一家という、この上なく素晴らし
い光景をとらえています。この年、ヨーロッパの各地で革命が勃発し、イギ
リス国内でも政治的な混乱が続きました。そんな1年の終わりに出版され
た子ども中心の家庭を描いたこの挿絵は、おだやかで心休まるメッセージ
を発しました。また、ディケンズが"あのきれいなドイツの玩具、クリスマス
ツリー"と表現したように、多くの人々に親しまれていました。

　〈イラストレイテッド・ロンドン・ニューズ〉の記事は、至高の家庭でのクリ

スマスの様子をくわしく伝えています。現在のクリスマスツリーはイギリス王室で飾られていたものの子孫だということがよくわかります。

　クリスマスを祝うために用意されるのは、高さおよそ8フィート（約2.4メートル）のモミの若木で、6段に枝分かれしている。各段の枝には、12本の細いキャンドルが並べられる。枝から吊るされるのは優美な盆やかご、ボンボニエール（お菓子箱）などの、さまざまな種類の高価な砂糖菓子を入れる容器で、そのかたちや色、美しさも多種多様だ。金箔を貼ったジンジャーブレッド、砂糖菓子を詰めた卵といった凝った飾りつけのお菓子も、これまた多彩な色のリボンで枝から吊るされる。この木は白いダマスク織りで覆われたテーブルの上に立てられ、根元は大きなお菓子でできた山と、ありとあらゆる玩具と人形で支えられている。玩具と人形は子どもたちが気に入りそうなもの、王室のさまざまな年齢のお子たちが面白がって喜びそうなものを取りそろえてある。人形やボンボン菓子などのプレゼントには、それぞれの贈り先の名前が添えられており、お子たちがあれがいいこれがほしいと争わないようにする配慮がなされている。木の頂には、翼を広げ、両手にリースを持つ小さな天使像が飾られる。クリスマスイヴに立てられ、十二夜に撤去されるこの木は、ウィンザー城を訪れるすべての人々の興味を大いにひく。

　1861年にアルバート公が42歳という若さで逝去すると、ヴィクトリア女王はイギリス海峡に浮かぶワイト島の〈オズボーン・ハウス〉でクリスマスを過ごすようになりました。女王が夫の死をいたんでいることもあって、この島でのクリスマスはかなり控えめなものでした。それでも1880年代にな

ると、子どもたちや多くの孫たちに囲まれて、以前のような華やかなクリスマスを祝うようになりました。

ヴィクトリア朝時代の愛国心の強い家庭では、クリスマスツリーに国旗を飾りました。天使のかわりに、ユニオンジャックが誇らしげに掲げられました。

アメリカの本に最初に挿絵で描かれたクリスマスツリーも、やはりドイツから持ちこまれたものでした。ドイツ系移民で、ハーヴァード大学でドイツ語を教えていたヘルマン・ボクムが1836年に書いた旅行記『異邦人の贈りもの（The Stranger's Gift）』のなかの〈クリスマスイヴ〉という一節の扉絵にクリスマスツリーが描かれました。アメリカで最初のクリスマスツリーは、1847年にニューヨーク市の米国聖公会教会の牧師だったウィリアム・オーガスタス・ミューレンバーグが日曜学校で立てたものです。この慣習はニューヨーク市とそのまわりであっというまに定着し、そこから全米に広まりました。

ロンドンのトラファルガー広場には、1947年から毎年巨大なオウシュウトウヒのクリスマスツリーが立てられていますが、これは第二次世界大戦当時に支援してくれたイギリスに対するノルウェーからの感謝の品です。ニューヨーク市のロックフェラーセンターのクリスマスツリーも普通はオウシュウトウヒですが、このツリーの点灯式は1964年からテレビ中継され続けています。

〔P79〕J・E・カーペンター作詞、ヘンリー・ファーマー作曲『クリスマスツリー』の楽譜の表紙（1857年）

クリスマスカードとクラッカー

ロンドンのヴィクトリア&アルバート博物館には、イギリスを代表するグリーティングカードのコレクションが所蔵されています。初代館長のヘンリー・コール卿は、売りものとして印刷したクリスマスカードを1843年に考案した人物なので、たしかにグリーティングカードコレクションにはうってつけの所蔵場所といえるでしょう。

19世紀の中ごろには、クリスマスの挨拶を手紙にしたためて贈る習慣がありました。しかし1843年のヘンリー卿にはその時間がありませんでした。高級官僚だったヘンリー卿は、多忙を極める日々を送っていたからです。みずからの指揮で郵便を1ペニーで送ることができる〈ペニー郵便制〉を導入させた卿は、1851年に開催されるロンドン万国博覧会の準備と、それから20年をかけてサウスケンジントンに博物館を中心とした文化地区を作る計画にも携わっていました。とにかく大忙しのヘンリー卿は、2月14日の聖ヴァレンタインの祝日に男女が自分の気持ちを伝える〈ヴァレンタインカード〉の伝統にならって、クリスマスにもカードを、しかも印刷された既製品を送るという斬新なアイディアを思いつきました。カードのデザインは友人で有名な画家のジョン・ホースリーに頼みました。デザインは1843年12月17日に決まり、それからカードを印刷してクリスマスに間に合うように発送しました。友人や知人用以外にも、販売用のものも印刷しました。

イギリスのクリスマスに欠かせないクラッカーも1840年代に発明され

1843年にヘンリー・コール卿の依頼でジョン・ホースリーがデザインした
クリスマスカードの複製

ました。ロンドンの菓子職人のトム・スミスは、砂糖衣をつけたアーモンド
を紙で包んだボンボン菓子の売り上げを伸ばす手を考えていました。その
とき、クリスマスの薪がパチパチと燃える音にひらめきました。スミスは
包み紙を開くときに同じような音がするように、火薬をしこむことにした
のです。けがをしないような工夫を重ね、クラッカーは誕生しました。スミ
スの斬新な発明は大成功し、1850年にはアーモンドのかわりに玩具やア

クセサリーなどがクラッカーの中身になりました。その後、スミスの息子の
ウォルターが紙でできた王冠を入れたことで、誰もが幸運のお守りを身に
つけた祝祭の王と女王になることができるようになりました。

現在のサンタクロース

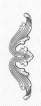

『にこにこ顔のサンテクラウスのおじいさん』に登場するサンテクラウス
は、のちに多くの人々の心をつかんで放さなくなるサンタクロースと多く
の点で似ています。それでも、今のわたしたちが知っている、みんなが大好
きなサンタクロースと大きくちがうところもいくつかあります。シラカバ
の棒を持っているところも口やかましいところも、あまり人好きのするよ
うなものではありません。サンタクロースはそこをしっかりとわきまえ、サ
ンテクラウスよりも心の広い陽気なキャラクターになっていきました。そ
れでも世界中の人々の心をガッチリつかむまでには150年を要しました。

　サンタクロースが本格的に登場したのは『サンタクロースがやってきた
(聖ニコラウスの来訪)』という有名な詩のなかです。たぶん、その1行目の
「クリスマスのまえのばん」のほうがよく知られていると思います。この詩
を書いたクレメント・クラーク・ムーアは、まちがいなくワシントン・アー
ヴィングとその作品を知っていました。ムーアは、1821年に出版された作
者不詳の詩『にこにこ顔のサンテクラウスのおじいさん』とその挿絵のこと
もよく知っていたのかもしれませんし、それどころか、この詩の作者ではな
いかとされていました。しかし『にこにこ顔のサンテクラウスのおじいさ
ん』と、その翌年に出た『サンタクロースがやってきた』はまったくトーンの
ちがう詩なので、作者が同じだとは思えません。

『サンタクロースがやってきた』は、もともとムーアが自分の子どもたちを
愉しませるために1822年に書いた詩ですが、翌年に彼の友人とされる人物

が匿名で出版して、ムーアは激怒しました。しかしのちにムーアの著作権が認められました。サンタクロースのそりを曳く8頭のトナカイの7頭目と8頭目の名前は何度か変えられました。7頭目のドゥンダーも8頭目のブリクセムも、それぞれ雷と稲光を意味するオランダ語でしたが、それがドイツ語で同じ意味のドンダーとブリッツェンにおさまったのは、ムーアが亡くなってかなり経った20世紀の初めのことでした。

ドイツ生まれのトーマス・ナストは才能豊かな政治漫画家で、アメリカの政治漫画の父とされて大きな影響力を持っていました。画家でもあったナストは、ムーアの詩に出てくるおちゃめな聖ニコラウスを何回も描きました。描くたびに工夫をこらして、今のわたしたちが知っている"太っちょ"サンタクロースに仕上げました。ナストが描いた最初のサンタクロースは〈ハーパーズ・ウィークリー〉誌の1863年のクリスマス号の表紙に登場しました。そのサンタクロースは星条旗柄の服に身を包み、そして南北戦争の北軍の基地にいるという堅苦しいものでした。ところが1866年のクリスマス号には気さくなサンタクロースを描きました。〈サンタクロースの仕事（Santa Claus: His Works）〉と題されたその挿絵では、サンタクロースは玩具を配るだけでなく作ってもいます。

ムーアと同じように、ナストも自分の幼い子どもたちのためにサンタクロースという人物を"創造"しましたが、最初のうちは昔ながらのシラカバの棒をしっかり復活させているところがムーアとはちがいます。それでも数年もしないうちに、裏地と縁どりが毛皮の赤い上下を着た、太っちょで陽気でやさしいサンタクロース像を固めました。ナストは世界のどこかにあるサンタクロースの家を北極に定め、20世紀のハッドン・サンドブロムやノーマン・ロックウェルがコカ・コーラを飲むサンタクロースを描いたように、19世紀の最新テクノロジーだった電話を使う姿も描いています。

　ムーアの詩とナストの『サンタクロースの仕事』は1869年に初めて一緒に掲載されましたが、ナストがムーアの詩からインスピレーションを得てサンタクロース像を作りあげたのはまちがいありません。その後、サンタクロースのイメージは大西洋を越え、20年をかけてさらに変化していきました。クリスマスのお祭り気分を擬人化したファーザー・クリスマスは、それまではさまざまな色のさまざまなコートを着た姿で描かれていましたが、それが赤いコートばかりになりました。そうなった理由は、1890年に出版されたナストのクリスマス画集の序文で明らかにされています。「『クリスマスのまえのばん』の憎めない善良なサンタクロース……子どものころに信じて疑わなかったサンタクロース……ナストの描くサンタクロースは、昔ながらのファーザー・クリスマスその人なのだ」

　アメリカではサンタクロース、イギリスではファーザー・クリスマスと呼ばれてはいますが、今ではどう見ても同一人物です。

〔P87〕トーマス・ナスト『ゆかいなサンタクロースのおじいさん（Merry Old Santa Claus）』（1881年）

プレゼントを贈る

　古代ローマのサトゥルナリア祭では、家族や友人たち、使っている奴隷たちにプレゼントを贈っていました。そして上流社会の実力者たちや、自分たちの生活を下支えしてくれる人々にも当然のように贈っていました。自分が贈る側なのかもらう側なのかわからない場合は、とりあえずできるだけ多くのお金を使って贈っていたほうがよかったのです。紀元2世紀の風刺作家ルキアノスはサトゥルナリア祭の贈りもののルールを示し、金持ちは年収の10分の1を贈りものに費やし、さらには"たんすの肥やし"や"自分が使うには粗末すぎるもの"も贈るべきだとしました。しかし祭りを取り仕切っていたルキアノスはバランスも必要だと説き、貧乏人が身の丈を超えた贈りものをしたら厳しく罰しなければならないとも述べています。

　仕事関係の人間への適切なプレゼント探しは永遠の難問です。紀元1世紀の詩人マルティアリスは「贈答とは狡猾かつ害のある行為で、わたしは嫌いだ」と告白し、18世紀のイギリスの作家ジョナサン・スウィフトも「クリスマスプレゼントで破産しそうだ」と嘆いています。それでも現在ではサーヴィスを提供する側と受ける側の人間関係はかなり希薄になっているので、両者のあいだで贈りものをするという慣習はほとんどすたれてしまいました。少し前までクリスマスシーズンになると会社内でもプレゼントの贈りあいや酒を交えたパーティーが開かれていました。今でもやっているところもありますが、最近は控えめになっています。

　家族や友人への贈りものは、1月1日や十二夜、公現祭〔エピファニー〕などのさまざまな

日に、何世紀にもわたっておこなわれてきました。クレメント・クラーク・ムーアはサンタクロースがプレゼントを配る日を聖ニコラウスの祝日からクリスマスイヴに変えましたが、ヨーロッパの多くの国ではプレゼントは両方の日に贈られます。それでも、時代とともにサンタクロースという存在が世界中に広まり、クリスマスがどんどん家庭を中心としたものになり、プレゼントを贈るタイミングはクリスマスイヴとクリスマス当日の36時間ほどに集中しています。

　贈りものを買う期間は、ヴィクトリア朝時代の店主たちがクリスマスにビジネスチャンスを見いだし、善意と厚意を示す儀式に変えてしまって以来、急激に延びていきました。雪のなかを走る駅馬車はクリスマスカードの絵柄としてはうってつけなのかもしれませんが、鉄道の発達により都会と田舎の結びつきはさらに強くなり、新聞や雑誌は国内のすみずみまでいきわたり、それらを使って各企業は自社の製品を宣伝することができるようになりました。そして1880年代には大手百貨店が、客たちの眼を引こうとクリスマスのウィンドウディスプレイを競いあうようになっていました。

　ヴィクトリア朝時代、銀行を利用できない労働者階級の家庭向けに、毎週少額を積み立ててクリスマスにガチョウを手に入れる〈ガチョウクラブ〉というものがありました。しかし『クリスマス・キャロル』のスクルージが語るように、クリスマスは「払う金がないのに請求書を突きつけられる日*4」でもあり、新年には厳しい現実を突きつけられることになるのです。

〔右〕〈ザ・スフィア〉誌の1932年11月28日号の表紙。ジョン・ピムロット画

"I sneaked in," whispered the child, "because I wanted to see you special. Because you're Santa Claus, and you can get a kid anything what he wants. Can't you?" "Why, yes, youngster," Alan said, trying to sound convincing

サンタクロースとクリスマス

　トーマス・ナストが作りあげた不朽のイメージは、サンタクロースという
アメリカとイギリスの"発明"に芸術的なかたちを与えました。そのあとに
百貨店に登場した"実体のある"サンタクロースも、アメリカとイギリスが
協力して作りあげたものです。

　赤い上下を着たサンタクロースを初めて"連れてきた"とされる店はいく
つもありますが、記録が一番しっかりしているのはマサチューセッツ州ブ
ロックトンにある百貨店です。1890年、スコットランド出身の店主のジェ
イムズ・エドガーは、ナストが描くサンタクロースの格好をして店内を歩き
まわることにしました。エドガーはたんなる仮装好きで、子どもたちを喜ば
せ、クリスマスを広めたかっただけで、売り上げを伸ばそうとしたわけでは
なかったみたいです。ところが仮装を始めて何日も経たないうちに、家族連
れの客がエドガーを見るために、ボストンや遠くのロードアイランド州プ
ロヴィデンスからわざわざ汽車に乗ってやってくるようになりました。
このナストの"生身の"サンタクロースは、たちまちのうちに大西洋の両側
で真似され、ほかのクリスマスのキャラクターを店から追い出すことも
あったようです。

〔左〕〈グッド・ハウスキーピング〉誌の1932年12月号の挿絵「百貨店で子どもたちにプレゼン
トを配るファーザー・クリスマス」（ジャイ・ハイド・バーナム画）

ボクシング・デーと新年のお祝い

　キリスト教の暦では、12月26日は最初の殉教者の聖ステファノの祝日になっています。クリスマスキャロルの『ウェンセスラス王はよい王様』で、ウェンセスラス王が領民たちに贈りものを届けに雪のなかを出ていくのはこの日です。

　しかしイギリスでは、一般的に12月26日は〈ボクシング・デー〉として知られています。この言葉は、丁寧な対応の商人や働き者の召使いに、客や主人がクリスマスに箱入りのプレゼント（たいていはお金でした）を贈っていたことに由来しています。

　19世紀の初めごろから、ボクシング・デーはスポーツに最適な日とされるようになりました。家族そろって一日じゅう家に閉じこもり、ごちそうをたらふく食べるクリスマスの次の日に、健康のために家の外に出て運動をする日と考えられていたのです。聖ステファノは馬の守護聖人なので、とくに乗馬がふさわしいとされています。

　イギリスでは、クリスマスの祝祭は12日間続くものでしたが、19世紀になると都市化と工業化の影響でクリスマス当日とその前後の3日間に短縮され、十二夜の重要性はうすれていきました。そして十二夜のお祭り騒ぎは12月31日に取って代わられました。ボクシング・デーにしても、1871年に制定された銀行休日法で定められた銀行の休業日としか考えられていません。アメリカでは12月26日は祝日ではありませんが、イギリスやヨーロッパ諸国と同じように、多くの人々がクリスマスから新年にかけて長い休暇

を取ります。実際のところ、クリスマスが火曜日になる年に1月2日まで休暇にすれば、12月22日の土曜日から"クリスマスの12日間"になります。これはとくにスコットランドにあてはまります。

　12月31日の大みそかを意味する〈ホグマネイ〉の伝統があるスコットランドでは、イングランドよりもずっと新年を大切にしてきました。1950年代までは、スコットランドではクリスマスではなくホグマネイが真冬のお祭りでした。その後、400年ぶりにクリスマスが祝日になり、1970年代にはボクシング・デーも祝日になりました。ホグマネイには〈ファースト・フッティング〉という慣習があり、背が高く黒髪の"他人の"男性が石炭と塩とショートブレッドとブラックブレッド（フルーツケーキのようなもの）、そして何よりも大切なウイスキーを持って敷居をまたぎ、新年の到来を告げます。1970年代までは1月1日が正式な祝日ではなかったイングランドとは対照的に、新年を本格的に祝うスコットランドでは1月2日まで祝日にするのももっともな話です。

(P95) ジョン・メイシー・ライト『オールド・ラング・サイン（『蛍の光』の原曲）』（1842年）

パントマイム

　広く一般受けするという点では、現在のパントマイムはベン・ジョンソンの仮面劇で称賛され、のちに清教徒（ピューリタン）に迫害された無言劇やワッセイリングの流れをくむものです。もっとも当時のパントマイムは今よりもずっと過激で、不敬で、大人の娯楽に欠かせない下品なジョークだらけで、そして女装と男装のオンパレードという“さかさまの世界”を描いたものでした。

　パントマイム（Pantomime）の起源は古代ローマのサトゥルナリア祭と、そのはるか昔の古代ギリシアにまでさかのぼることができます。その語源は古代ギリシア語の“すべてを真似する者”を意味する〈pantomimos〉とも、ラテン語の“物真似する役者”を意味する〈pantomimus〉ともされています。イギリスのパントマイムの大本はイタリアの大道芸の芝居〈コメディア・デラルテ〉で、シェイクスピアは『十二夜』などの喜劇で女装と男装のドタバタコメディとして描いています。18世紀のロンドンの演劇興行主ジョン・リッチは、みずから踊り、アクロバットとパントマイムを演じていました。多才なリッチは、1717年に自分の才能と手品、女装と男装、そして動物の仮装を組み合わせた見世物を演出しました。リッチの芝居は下品な観客におおいに受け、35年という超ロングラン公演になりましたが、そのせいでパントマイムは公序良俗と“お堅い”演劇に対する“低俗な”脅威とみなされるようになりました。そこで18世紀最高の役者兼興行主のデイヴィッド・ギャリックは、パントマイムをクリスマスシーズンのみの興行にしました。

　パントマイムは19世紀の初めのころにもおおいに人気を博しましたが、

その中心にいたのはイタリア移民のパントマイム役者を父に持つジョゼフ・グリマルディでした。幼いころからパントマイムを演じてきたグリマルディは、1800年に22歳で道化役をつとめました。グリマルディはクラウンをパントマイム劇の主役にするようになりました。子どものころにグリマルディの芝居を観て、のちに彼の回顧録を編集したチャールズ・ディケンズは、警官たちを牢屋にぶちこんで、眼についたものはかたっぱしから盗むというやりたい放題のグリマルディの演出を"びっくり仰天ものだ"と評しています。グリマルディは大騒ぎのパントマイムとこっけいな歌と前口上を組み合わせましたが、その根底にあったのはペーソス（哀愁）でした。ペーソスは、ヴィクトリア朝時代の終わりのころには、パントマイムに登場する男性が演じる中年女性の性格のひとつになりました。舞台では大騒ぎの無法地帯と化しているのですが、デイムは生真面目でツキに見放されてしまいます。この時代にまた人気役者が登場し、脇役のデイムを主役に格上げしました。1880年代から1900年ごろにかけて、アイルランド人の役者ダン・レノがこのキャラクターを作りあげ、デイム役の第一人者になりました。レノが作りあげたパントマイムのスタイルと基準は、テレビの時代になっても使われていました。

　21世紀になると、テレビタレントや有名スポーツ選手たちがパントマイムを演じるようになり、主役だった男装や女装の役者やデイムは脇に追いやられてしまいました。この事実を、じつにイギリスらしい偉大な伝統が失われつつある証拠だとする人たちもいますが、変幻自在にかたちを変えてきたことを考えれば、パントマイムがなくなってしまうことはありえないとしか言いようがありません。

〔右〕ドルリー・レーンにある〈シアター・ロイヤル〉のパントマイム劇のポスター（1890年）

Augustus Harris' Pantomime

Beauty and the Beast

5
世界の
クリスマス

ヒマシタ。アサメガサメテ　マクラ
ヲ見ルト　チャント　人形ガ　置イ
アリマス。
キタ，ノ

日本

　この150年のあいだに、クリスマスは世界で一番大きな真冬のお祭りになりました。現在、欧米各国で祝われている"伝統的な"クリスマスは、その国々に古くから伝わる慣習がかたちを変えたり、現代風にアレンジされたりしたものです。大西洋の両側で育まれた、誰しもが愉しめる現在のクリスマスは世界中に広がり、各地の伝統のなかに溶けこみ、そこから新たな伝統を生み出してきました。その結果、あちこちで驚くほど独創的なクリスマスが生まれました。その一番いい例が日本です。

　100・101ページの挿絵からわかるように、19世紀にアメリカで誕生したサンタクロースは、日本では遅くとも1914年には知られていました。日本ではクリスマスは第二次世界大戦後に広まり、百貨店はイルミネーションや飾りつけを競いあい、クリスマスシーズンの売り上げを伸ばしました。クリスマスは祝日ではありませんが、日本ならではのクリスマスがあります。たとえばクリスマス当日にフライドチキンをテイクアウトして家で食べることとか、スポンジ生地にホイップクリームを塗ってイチゴをのせた独自のクリスマスケーキとかです。

　1月1日は日本では正月と呼ばれ、家族で新年を祝います。いっぽう、現代日本のクリスマスは大人たちのロマンティックな日というイメージが強く、欧米の聖ヴァレンタインの祝日に近いものがあります。

ドイツ

遠い昔のアングロサクソンとヴァイキングの真冬の伝統も、19世紀に広まったクリスマスツリーも、そのルーツは北欧にあります。クリスマスマーケットは、イギリスや北米で定着しつつあるヨーロッパのクリスマスの伝統のひとつです。クリスマスマーケットはドイツとオーストリアで長い歴史があり、その前身は中世にまでさかのぼることができます。ドレスデンのものが一番古く、1434年から続いています。

ドイツのクリスマスシーズンは降誕節（アドヴェント）から始まり、家や教会に飾られる特別なリースやアドヴェントカレンダーがその到来を告げます。クリスマスマーケットもだいたいそのころから始まり、クリスマスイヴもしくはその直前まで開かれます。クリスマスマーケットにはプレゼントにぴったりの手工芸品や飾りものを売る露店が並びますが、大規模なものになると聖歌隊が出たり、子ども向けのアトラクションがあったり、グリューヴァイン（ホットワイン）に合うさまざまな食べ物が出されるところもあります。

ドイツのクリスマスシーズンならではのお菓子は、ビスケットやシュトーレン、ジンジャーブレッドを使ったものなど、本当にたくさんありますが、なかでも作るのに一番手間がかかる大がかりなものが、ジンジャーブレッドで作るヘクセンハウスというお菓子の家です。

ヨーロッパの多くの国々と同じように、ドイツでも12月6日もしくはその前夜に聖ニコラウスの訪問を祝い、お祝いの中心はクリスマスイヴの場合が多くなっています。

〈イラストレイテッド・ロンドン・ニューズ〉紙は、王室のクリスマスを紹介する1848年の記事のなかで、ドイツの伝統的なクリスマスツリーを読者に紹介しました。記事によれば、ツリーの飾りつけはクリスマスイヴの夕方から大人がやり、子どもたちは別の部屋でおとなしく待っています。オーナメントやお菓子と一緒にロウソクもたくさん飾られ、子どもたちが呼ばれると同時に火が灯されます。この素敵な伝統は、今もドイツに根づいています。

〔P100・101〕〈子供之友〉誌に描かれた日本のサンタクロース（1914年）
〔左〕モーリッツ・ユング『メリー・クリスマス！（Frohe Weihnachten!）』多色リトグラフ（1907年）

北欧

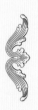

　スウェーデンとデンマークのクリスマスの特徴は、12月13日の聖ルシア（ルチア）の祝日からクリスマスシーズンが始まるところです。飢饉に苦しむ人々を助けた聖ルシアを祝うこの日は、各家庭の長女が"ルシアの花嫁"になり、コーヒーと〈ルッセカッセ（ルッセの猫）〉というサフランを使った特別なパンを両親の寝室に届けます。ルシアの花嫁は白いドレスを着て、7本のキャンドルを立てた常緑樹の冠をかぶって新しい季節の到来を告げます。安全面を考えて、現在では電池式キャンドルが使われることが多くなりました。デンマークでは、聖ルシアが歌いながら行進する伝統行事が学校でも取り入れられるようになっています。

　子どもたちにクリスマスプレゼントを配る存在がイギリスではファーザー・クリスマスとされているのと同じように、デンマークではユールマン、スウェーデンではユールトムテと呼ばれています。さらにデンマークにはユーレニッセといういたずら好きのクリスマスの妖精がいて、クリスマスのポリッジをあげるといたずらをしなくなります。

　スウェーデンのクリスマスイヴのごちそうといえば肉料理と魚料理を使ったスモーガスボード（いわゆるバイキング）ですが、その量は昔のごちそうより多くなっています。それでも飢饉の時代をしのんで、ハムをゆでたお湯にパンを浸して食べる伝統も残っています。

　1月13日はデンマーク王でもあった聖クヌートの日ですが、デンマークよりもスウェーデンで重要な日とされていて、この日でクリスマスが終わ

ります。子どもたちはクリスマスツリーに残っていたお菓子をぜんぶ取り、最後のパーティーを開きます。デンマークでは1月6日の"3人の王（東方の三博士）の日"にクリスマスは終わります。

　ノルウェーは1523年までデンマーク、スウェーデンと連合を組んでいたので、このふたつの隣国と同じ習慣が多くあります。そのひとつが北欧版〈豆の王〉で、クリスマスポリッジのなかにあるアーモンドを見つけた人は運がいいとされ、ちょっとした賞品がもらえたり来年の幸運が約束されたりといった、さまざまな伝統があります。

〔上〕〈Allers Familj-Journal〉誌の聖ルシアの日の挿絵（1927年）
〔P109〕〈ピニャータ〉を割るメキシコのクリスマス。20世紀初頭の写真

メキシコ

　メキシコのクリスマスの伝統の多くは、スペインの宣教師たちがアステカの慣習を取り込むかたちで16世紀ごろに伝えました。この国のクリスマスシーズンは、メキシコで一番愛されている〈グアダルーペの聖母〉の日である12月12日を祝うことから始まります。この日からクリスマスマーケットが開かれ、クリスマス用の食材とフルーツポンチが売られます。12月16日からは〈ラス・ポサダス〉が始まり、天使に扮した子どもが、“一夜の宿”を探す聖母マリアとヨセフの粘土像を持つ子どもたちをみちびいて家々を訪れる儀式が9日間続きます。子どもたちは天使とマリアとヨセフを先頭にして通りを練り歩き、最初に訪れる家では断られますが、何軒目かでようやく受け入れられます。その家に子どもたちが全員集まり、キリストの降誕を再現したジオラマ〈ナシミエント〉のまえでクリスマス・キャロルを歌い、星形の粘土細工や張り子細工の〈ピニャータ〉を叩き割って中身のお菓子をもらうゲームをします。毎晩ちがう家がポサダになり、それぞれの家のナシミエントに人形が1体ずつ追加されます。9日目の晩のノチェブエナ（クリスマスイヴ）に最後の人形が飾られ、花火で遊ぶ盛大なクリスマスパーティーを全員で愉しみます。

　メキシコでプレゼントを贈る日は、昔からクリスマス当日ではなく公現祭の日で、3人の王（東方の三博士）が靴下にプレゼントを入れます。それでもサンタクロースを信じる子は増えているので、メキシコでもプレゼントを2回もらえるラッキーな子もいます。

クリスマスプレゼント配達人

　クリスマスにプレゼントを届ける存在はさまざまですが、1870年代以降はサンタクロースの人気がだんだん高まっていきました。国によっては、その国で古くからプレゼントを届けてきた存在とサンタクロースが合体して、白いひげを生やして赤い服を着た人物になってしまったところもあります。たとえばイギリスのファーザー・クリスマスやフランスの〈ペール・ノエル（クリスマスのお父さん）〉やドイツの〈ヴァイナハスツマン（クリスマス男）〉、そして先に説明した北欧のニッセたちです。そうしたヨーロッパの"クリスマスプレゼント配達人"に比べたら、サンタクロースはまだまだ新人なのかもしれませんが、その前身の聖ニコラウスのほうはずっとずっと先輩です。しかしその人気は宗教改革で一時的に落ち、ほかの配達人たちにチャンスがめぐってきました。

　16世紀、カトリックの聖人信仰に対するプロテスタントたちの反感はどんどん高まり、その一環として聖ニコラウスの日を祝うことが禁じられました。クリスマスのお祝いもかなり控えめになりましたが、プレゼントの贈りあいの慣習は多くの場合は生き残ったり復活したりしました。そのため、たとえばドイツやスイス、ハプスブルク帝国のなかのプロテスタント国では、聖ニコラウスは〈クリストキント（幼いキリスト）〉に取って代わられました。最初はその名のとおりに幼子イエスがプレゼント配達人にされましたが、やがてクリストキントは杖を持ち金の冠をかぶった白衣の天使に変わっていきました。マルティン・ルターは聖ニコラウスとクリストキントが

共存することを認めていましたが、ジャン・カルヴァンなどの宗教改革者たちは聖人を追放しました。クリストキントは今でも残っていますが、それもたぶん、有名なものはクリスマスマーケットを意味するドイツ語〈クリストキントマルクト〉と、アメリカでサンタクロースの別名とされている〈クリスクリンブル〉ぐらいでしょう。

　プロテスタントであれカトリックであれ正教会であれ、キリスト教国のなかにはサンタクロース以前のプレゼント配達人が今でも生き残っているところがあります。なぜ生き残っているかといえば答えは簡単で、子どもたちはプレゼントをもらえるのなら1回よりも2回のほうがいいからです。

　イタリアでは“エピファニア”が訛った〈ベファーナ〉という魔女が1月5日の夜、つまり公現祭の前夜に子どものいる家を訪れます。ベファーナについては悲しいお話があります――イエスが降誕したとき、東方の三博士に一緒にベツレヘムに行こうと誘われましたが、ベファーナは断り、あとで心変わりして三博士を追いましたが、幼子イエスに会うことはできませんでした。ベファーナは後悔し、それ以来ずっとイエスを探し続けました。悪い子どもへのプレゼントは、オランダ由来のアメリカのシンタクラースはシラカバの棒でしたが、ベファーナも石炭の塊や灰が入った袋という、あまりうれしくないものを持ってきます。だからイタリアでは、クリスマスイヴにプレゼントを持ってくる陽気な〈バッボ・ナターレ（クリスマスのパパ）〉のほうがますます人気になっています。あたりまえの話ですね。それでも最近では、ベファーナはいい子にも悪い子にもお菓子をプレゼントするようになり、イタリアの多くの町や村では公現祭の前夜や当日に総出でたき火をして、クリスマスシーズンを愉しく締めくくります。ベファーナは、ロシアでは〈バブーシュカ〉と呼ばれています。

　オランダの聖ニコラウスにあたるシンタクラースがアメリカに渡って

サンタクロースに姿に変えたのは、ワシントン・アーヴィングの風刺小説『ディートリッチ・ニッカーボッカーのニューヨーク史』がきっかけでした。それでもオランダのシンタクラースも、そしてベルギーの〈サン・ニコラ〉も、ルクセンブルクの〈クレーシェン〉も、今でも12月6日になると子どもたちの靴下にプレゼントを入れています。オランダでは昔から大人気だったシンタクラースですが、宗教改革でその力を削がれ、今の姿に復活したのは19世紀なかばのことです。生まれ変わったシンタクラースには、シラカバの棒を運ぶ〈ズワルト（黒い）・ピート〉というアフリカからやってきた従者がつきそうようになりました。時代が下るとズワルト・ピートも姿を変え、ススを顔に塗った〈ショーステーン（煙突）・ピート〉になり、素敵なプレゼントだけを配るようになりました。毎年、シンタクラースは自分の祝日の3週間前に暮らしているスペインから船でやってきますが、その様子はテレビで大々的に報道されます。そして12月7日にはオランダ版サンタクロースの〈ケルストマン〉に仕事を引き継ぎます。

　赤い上下を着た、太っちょで白ひげの陽気なおじいさんという姿のサンタクロースは、わりと新しい存在だと言えるかもしれません。それでも、1年でいちばん夜が長い時期にプレゼントを配る、浮かれ騒ぎを象徴する存在であるサンタクロースは、大昔の聖ニコラウスが世俗化したものであることにまちがいありません。クリスマスというお祭りと同じように、サンタクロースも19世紀には世界中にその存在が知れわたり、人気もどんどん高まっているのです。

〔左〕〈ル・マガザン・ピトレスク〉誌のベファーナの挿絵（1840年）
〔P114・115〕ホワイトハウスでのクリスマスの飾りつけ作業（1939年12月19日撮影）

6

現代の
クリスマスの
伝統

RUDOLPH

THE RED-NOSED
REINDEER

Written for

MONTGOMERY WARD

by

ROBERT L. MAY

Author of "Benny the Bunny Liked Beans"

ILLUSTRATED BY DENVER GILLEN

COPYRIGHT, 1939, BY MONTGOMERY WARD & CO., INC. (ALL RIGHTS RESERVED.)

赤鼻のルドルフ

　サンタクロースが乗るそりを曳くトナカイはずっと8頭でしたが、1939年にルドルフが加わったことで、サンタクロースとそりの方向性はきっちりと定まりました。ルドルフは商業目的で生み出されました。ルドルフがサンタクロースの役に立つお話が初めて登場したのは、当時のアメリカ最大の小売販売店〈モンゴメリー・ワード〉がクリスマスシーズンに子ども向けに配った塗り絵の物語のなかです。シカゴ本社の広告担当者ロバート・L・メイが作ったこの塗り絵は1939年に250万部が、1946年にも同じものが350万部印刷されました。

　1947年、〈モンゴメリー・ワード〉社はこの物語の著作権をメイに譲渡し、1949年にメイの義理の弟のジョニー・マークスが、この話をベースにした有名な歌『赤鼻のトナカイ』の歌詞を書きました。最初は歌手のジーン・オートリーの『歌うカウボーイ（*The Singing Cowboy*）』のB面でしたが、アメリカの人々の心をつかんだのはルドルフのほうでした。クリスマスウィークのナンバーワンヒットになり、その年だけで250万枚を売り上げました。

　その後のルドルフはマルチメディアの活躍ぶりを見せ、映画やテレビ、イギリスの人気テレビドラマシリーズ『ドクター・フー』に登場し、クリスマスカードのレギュラーメンバーになりました。『ホワイト・クリスマス』と並んで『赤鼻のトナカイ』は讃美歌やキャロル以外のクリスマスソングの先駆けであり、世界で最初にヒットチャートを席巻し、そしてポピュラー音楽のクラシックになったクリスマスソングでもあるのです。

イギリス王室とクリスマス

　イギリス国王が国民に向けて発するクリスマスの挨拶の全国放送は、1932年にジョージ5世が始めました。小説家で詩人のラドヤード・キップリングが書いた原稿を元にして、ジョージ5世はクリスマス当日の午後3時から2分半かけてラジオを通じて語りかけ、その声は大英帝国のほとんどの地域に中継されました。国王の放送は第二次世界大戦中にクリスマスの恒例行事として定着し、ジョージ6世の言葉は戦意高揚に大きく役立ちました。

　エリザベス2世も即位した1952年から、ノーフォーク州にある女王の私邸〈サンドリンガムハウス〉の祖父と父親が使っていたデスクから、やはりラジオのマイク越しに国民に語りかけました。テレビ中継は1957年から始まり、1960年からは録画も始まり、イギリス連邦各国のいちばんいい時間に放送されるようになりました。現在のクリスマス当日の放送は、国家元首がテーマを決め、国民に直接語りかける場になっています。イギリスでの放送時間は開始当初の午後3時のままですが、現在ではあらゆるメディアで視聴することができます。

　エリザベス2世は、1988年以来〈サンドリンガムハウス〉で家族と一緒にクリスマスと新年を祝うという伝統を作りました。ロイヤルファミリーはクリスマスイヴのティータイムにプレゼント交換をして、クリスマス当日は敷地内にあるセント・メアリー・マグダレン教会での朝の礼拝に全員で参加しました。

　エリザベス2世はロイヤルファミリーの全員にプレゼントを贈るだけで
なく、ポケットマネーで1500人のスタッフにクリスマスプディングを配る
という、祖父と父親が作った伝統を引き継ぎました。

　自分のクリスマスツリーを飾るのはもちろんのこと、エリザベス2世は
ロンドンのウェストミンスター寺院とセント・ポール大聖堂、エディンバラ
のセント・ジャイルズ大聖堂とキャノンゲート教会、そしてサンドリンガム
ハウスの近辺の教会と学校にもクリスマスツリーを寄贈していました。

〔P116〕『ルドルフ、赤鼻のトナカイ（*Rudolph the Red-Nosed Reindeer*）』の扉絵（1939年）
〔上〕〈ウィークリー・イラストレイテッド〉誌の1935年12月21日号『臣民にクリスマスのメッ
セージを送る国王ジョージ5世』

ホワイトハウスとクリスマス

　アメリカ合衆国の大統領が声高らかに"メリー・クリスマス"と言おうが、もしくは"ハッピー・ホリディ"というさまざまな宗教に使える言葉を使おうが、あるいはその両方を使い分けようが、その住まいであるホワイトハウスには、100年以上にもわたるクリスマスの伝統が息づいています。

　1923年、初めて立てられた〈ナショナル・クリスマスツリー〉のイルミネーションの点灯スウィッチをカルヴィン・クーリッジ大統領が押しました。その後の数十年のほとんどの年、この点灯式はホワイトハウスの南に広がる芝地〈ザ・エリプス〉で催されてきました。しかし、ずっとそこで点灯式がおこなわれるようになったのは1954年のことです。

　最初のうち、点灯式はクリスマスイヴにおこなわれていましたが、1954年に夜のイヴェント〈平和のクリスマスページェント〉の一部として実施するようになり、それから数十年にわたって毎年3週間開かれるフェスティバルになっていきました。

　この年、アメリカのすべての州と準州、そしてコロンビア特別区を象徴する小ぶりなクリスマスツリーで構成される〈平和の小径〉が作られました。1981年からは〈平和の小径〉のツリーには各地で作られたオーナメントが飾られるようになり、2008年にはサンタクロースの工房ができました。

　ホワイトハウスのなかでは、〈青の間〉にクリスマスツリーを飾ることが伝統になっています。この広間に最初にツリーが飾られたのは1912年のことで、飾りつけのテーマを毎年変えるという伝統は、1961年にジョン・F・

ケネディ大統領のジャクリーン夫人が作りました。1981年からは、ホワイトハウス歴史協会が毎年新しい公式オーナメントをデザインしています。

　ホワイトハウスのクリスマスの定番となっている飾りつけは、ほかにもたくさんあります。そのひとつがジンジャーブレッドハウスです。1968年にジョンソン大統領の家族がステート・ダイニングルームの鏡のまえにジンジャーブレッドで作った小屋を置いたのが始まりで、その翌年にニクソン大統領の家族が三角屋根のジンジャーブレッドハウスにしました。以来、ホワイトハウスのシェフたちは趣向をこらしたジンジャーブレッドハウスをいろいろと作ってきました。1990年代からはホワイトハウスをかたどったものが多くなり、ホワイトチョコレートでできたものもあります。

　大統領によるクリスマスメッセージの放送を始めたのは、皮肉なことに無口で有名だったクーリッジ大統領でした。ハーディング大統領がホワイトハウスで病気療養中の妻の介護をしていたので、代わりに当時は副大統領だったクーリッジが1922年12月13日にラジオ用のメッセージを録音しました。最近では大統領夫人も加わり、一緒にテレビを通じてクリスマスのメッセージを発信しています。

〔P121〕カルヴィン・クーリッジ大統領と〈ナショナル・クリスマスツリー〉。（1923年撮影）

アドヴェントカレンダー

　アドヴェントカレンダーも、ドイツからイギリスに伝わったクリスマスの風物詩のひとつです。もっともアドヴェントカレンダーの場合、ドイツのオリジナルもイギリスの輸入版も、わりと新しいものです。

　クリスマスの4つ前の日曜日から始まる降誕節（アドヴェント）は、キリスト教徒にとって期待と準備の期間です。19世紀のドイツでは、降誕節が始まってからの日数をドアにチョークで記したり、小さなキャンドルを灯したりして数えていましたが、それが手作りのアドヴェントカレンダーに変わりました。20世紀に入ると、印刷され、日付のところの窓を開けると挿絵と詩でクリスマスの物語が進んでいくアドヴェントカレンダーが登場しました。

　イギリスとアメリカに伝わったのは第二次世界大戦後のことで、とくにアメリカではアイゼンハワー大統領とその孫たちがチャリティのひとつとして使い始めたことで人気が高まりました。

　今のアドヴェントカレンダーは降誕節の日取りどおりではなく12月1日から始まり、昔ながらの詩に代わってチョコレートやお菓子でクリスマスまでの24日間をカウントダウンしています。このタイプのカレンダーはドイツでも販売されています。

灯りと花綱飾り<ruby>花綱<rt>ガーランド</rt></ruby>

　太古の昔から北半球に暮らしていたわたしたちの祖先は、1年で日が一番短く世界が一番静かな真冬の一日を、これから先は日が長くなって待望の春にどんどん近づいていく日として祝おうとしました。その祝い方のひとつが、常緑樹を集めてきて押し花と組み合わせてリースや花綱飾り<rt>ガーランド</rt>を作ることでした。もうひとつの祝い方は、光とともに暖かさも与えてくれる火を使うやり方でした。サトゥルナリア祭やユールでは、灯りとガーランドをそれぞれ使ったり、または組み合わせたりして祭りを彩り<rt>いろど</rt>ました。クリスマスにも同じことが言えます。

　アドヴェントリースはクリスマスの到来を告げるものです。もともとはルター派が始めた慣習ですが、宗派を超えて広まりました。アドヴェントで日曜日がめぐってくるたびにリースにキャンドルが1本ずつ灯され、伝統によってはクリスマスイヴやクリスマスに5本目が中央に置かれて灯されます。もちろんクリスマスツリーも、灯りと常緑樹の組み合わせのひとつです。

　クリスマスの素敵なところのひとつは、両親や祖父母から受け継いだ儀式を、自分の子どもや孫たちに引き継がせることができることです。子どもや孫たちは新たな儀式をつけ加えることができて、それを次の世代に伝えて、やがてはクリスマスの伝統の大切なひとつとなっていくのです。

　古き良きクリスマスをそっくりそのまま再現して、より愉しいものにしている団体もあります。イギリス最大の文化財・自然保護団体〈ナショナル・

ノーフォーク州のライトアップされた〈ブリックリング・ホール〉とクリスマスツリー

トラスト〉は、ワッセイリングなどの中世のクリスマスから20世紀の各年代の家庭のクリスマスまで、ありとあらゆるクリスマスを体験させてくれます。しかしクリスマスという"新しい"伝統が、古くからある真冬のお祭りの要素を創造的に取り入れてきたように、ナショナル・トラストもクリスマスイルミネーションやリース作りといった人気のあるイヴェントを開催しています。たとえばコーンウォール州にある中世の館〈コーティール〉では、1956年から全長18メートルの巨大なガーランドが作られています。

おわりに

　クリスマスの醍醐味は、その伝統がつねに変化して、さらには新しい伝統が加わっても、すぐに時代を超えた古びた感じが出てくるところです——とくに子どもたちにとってはそうです。

　サンタクロースと七面鳥のごちそうが大人気になったのはこの150年のことですが、その人気がいつまで続くかは誰にもわかりません。飼い犬にトナカイの格好をさせるといった流行も、イギリスで最近よくおこなわれるようになった、全員で"ダサい"クリスマス柄のセーターを着て愉しむ〈クリスマスジャンパー・パーティー〉も無視しないほうがいいのかもしれません。もしかしたら新たな伝統になるのかもしれないのですから。

　それでも、クリスマスがキリスト教の聖なる祝日であっても世俗のお祭り騒ぎであっても、古めかしいですが気立てのいい善良なサー・ロジャー・ド・カヴァーリーの「クリスマスが真冬のさなかにあるのはとてもいいことだ」という意見には、北半球に暮らす誰もが賛成するにちがいありません。

　最後に、ヴィクトリア朝時代の都会に息づいている昔ながらのクリスマスを描いたチャールズ・ディケンズが、最初にクリスマスについて書いた『クリスマスの浮かれ騒ぎ』のこの言葉を紹介しましょう。「クリスマスという言葉そのものに魔法の力があるみたいだ」

〔右〕クリスマスツリーの飾りつけの様子を描いた〈ガルテンラウベ〉紙の挿絵（R・バイシュラク画、1892年）

謝辞

　参考図書の最初にティモシー・ラーセンとジェリー・ボウラーの著書があるのは当然のことです。おふたりの著書だけでもわたしが感謝の言葉をまっさきに捧げるに値しますが、クリスマスの歴史の偉大な専門家であるおふたりは、個人としても力を貸してくれました。

　イギリスを代表するグリーティングカードのコレクションを所蔵するヴィクトリア＆アルバート博物館のティム・トラヴィスには、クリスマスカードに関する質問にこころよく対応していただきました。クリストファー・ウィン、チャントリー・ウェストウェル、ゲリー・ボディリー、ジェリー・ホワイトも温かく協力していただきました。

　本書の提案を受け容れていただいた大英図書館出版部のジョン・リーとロブ・デイヴィス、このプロジェクトをずっと導いていただいたリズ・ウォアバンク、そして本書の完成とその後をずっと見守っていただいたケイト・クエリー、サリー・ニコルズ、マリア・バシロプロス、キャサリン・ベスト、ブリオニー・ハートレーに感謝します。大英図書館のエクルズ・センター・フォー・アメリカン・スタディーズのフィル・ハットフィールドとカーラ・ロッドウェイ、フィリップ・エイブラハム、ジーン・ペトロヴィッチは、メイキン・フェローシップでわたしを支えてくれただけでなく、本書の知名度を高めてくれて、そして現代のクリスマスの祝祭の多くがイギリスとアメリカを起源とすることも知らしめてくれました。4人に大いに感謝いたします。

　最後に、キューに暮らすわたしたちのクリスマスを特別なものにしてくれた家族、とくに亡き義母に感謝します。

参考文献

Timothy Larsen (ed.), *The Oxford Handbook of Christmas* (2021)

ジェリー・ボウラー著『図説 クリスマス百科事典』中尾セツ子監修、笹田裕子・成瀬俊一編集、2007年12月、柊風舎

— *Santa Claus: A Biography* (2005)

— *Christmas in the Crosshairs* (2016)

アーノルド・B・ベンダー、デイヴィッド・ベンダー著『オックスフォード 食品・栄養学辞典 新装版』五十嵐脩監訳、2022年、朝倉書店

Percy Dearmer, *The Oxford Book of Carols* (1974)

チャールズ・ディケンズ著『クリスマス、お説教の半分でも守って』(『ボズのスケッチ』所収) 藤岡啓介訳、2013年、未知谷

— *The Pickwick Papers* (1837)

— ディケンズ著『クリスマス・キャロル』越前敏弥訳、2020年、角川文庫 (その他複数版あり)

Mark Forsyth, *A Christmas Cornucopia: The Hidden Stories Behind Our Yuletide Traditions* (2016)

J. M. Golby and A. W. Purdue, *The Making of the Modern Christmas* (2000)

Lucinda Hawksley, Dickens and Christmas (2017) Ronald Hutton, *The Stations of the Sun: A History of the Ritual Year in Britain* (1996)

Wachington Irving, *A History of New-York* (1809)

— アーヴィング著『スケッチ・ブック(上・下)』齊藤昇訳、2014·2015年、岩波文庫

Alison Latham, *The Oxford Companion to Music* (2011)

Stephen Nissenbaum, *The Battle for Christmas* (1997)

Jacqueline Simpson and Steve Roud, *A Dictionary of English Folklore* (2003)

Michael Stephenson, *The Christmas Almanac* (1992)

Christopher Winn, *The Book of Christmas* (2018)

www.georgegoodwin.com

引用文献

*1｜ウォルター・スコット『マーミオン』佐藤猛郎訳、1995年、成美堂

*2｜アーヴィング『スケッチ・ブック』齊藤昇訳、2015年、岩波文庫

*3｜ジェイン・オースティン『高慢と偏見』大島一彦訳、2017年、中公文庫

*4｜ディケンズ『クリスマス・キャロル』越前敏弥訳、2020年、角川文庫

図版クレジット

P2、68、71｜イエール大学バインネック稀覯本・写本図書館

P8、9｜J・ポール・ゲティ美術館

P24｜アムステルダム国立美術館

P104｜メトロポリタン美術館

P109｜マリー・エヴァンス・ピクチャー・ライブラリー

P112、114、115、121｜アメリカ議会図書館印刷物・写真部

P125｜ナショナル・トラスト・イメージズ／エイドリアン・ジャッド

上記以外の図版はすべて大英図書館

索引

著者｜ジョージ・グッドウィン｜George Goodwin

ケンブリッジ大学ペンブルック・カレッジ卒、作家、歴史家。2012年に、1461年に行われた薔薇戦争中の「タウトンの戦い」について考察した*Fatal Colours: Towton 1461—England's Most Brutal Battle*、2016年に、ロンドン滞在中のベンジャミン・フランクリンについて考察した*Benjamin Franklin in London: The British Life of America's Founding Father*を発表、本書が3作目の著作となる。

訳者｜黒木章人｜Fumihito Kuroki

翻訳家。立命館大学産業社会学部卒。主な訳書に『図説 クリスマス全史』『［フォトグラフィー］メガネの歴史』『図説 ダイヤモンドの文化史』（原書房）、『イングリッシュマン』『イラク・コレクション』（早川書房）、『アウトロー・オーシャン』（白水社）など多数。

もっと知りたいクリスマス
サンタ、ツリー、キャロル、世界の祝い方まで

2023年11月6日　第1刷

著者 ……………… ジョージ・グッドウィン
訳者 ……………… 黒木章人
ブックデザイン ……… 永井亜矢子（陽々舎）
発行者 …………… 成瀬雅人
発行所 …………… 株式会社原書房
　　　　　　　　　〒160-0022 東京都新宿区新宿1-25-13
　　　　　　　　　電話・代表　03(3354)0685
　　　　　　　　　http://www.harashobo.co.jp/
　　　　　　　　　振替・00150-6-151594
印刷 ……………… シナノ印刷株式会社
製本 ……………… 東京美術紙工協業組合

© Fumihito Kuroki 2023
ISBN 978-4-562-07347-4 Printed in Japan